The Eight Concepts
Of Bowen Theory

A New Way Of Thinking About The Individual And The Group

개 인 과   집 단 에   대 한   새 로 운   사 고 방 식

보웬 이론의 8가지 개념

Roberta M. Gilbert 저
김경 역

학지사

역자 서문

　　나는 오래전 에모리 대학원 과정에서 처음 접한 보웬의 체계 이론을 통해 나 자신과 세상을 새롭게 바라볼 수 있는 지혜를 얻게 되었다. 그리고 지난 8년 동안 나는 한국에서 가족상담과 심리치료를 전공하는 대학원 학생들과 여러 기관에서 있었던 상담교육에 참여하신 학부모들, 목회상담 훈련 수련생들과 상담 관련 과목을 수강한 학부 학생들과 함께 보웬의 지혜를 나누었다. 이러한 나눔의 장은 서로 울고, 웃고, 깨닫고, 용기를 주고, 침묵을 깨고 말하고, 질문하고, 감사하는 춤추는 현장이었다. 이제 멀리 캐나다의 한 대학으로 옮긴 후 내가 그 춤의 현장에서 경험했던 풍성한 삶을 회상하며 감사함을 더 절실히 느낀다. 그 나눔의 현장에서 이 분들이 보여 주신 보웬 이론에 대한 흥미와 지적 호기심은 나로 하여금 이 책을 번역하게 했다. 이 소중한 이론을 전문가들뿐만 아니라 좀 더 많은 대중도 접근하여 삶의 지혜로 활용할 수 있도록 도움이 되는 책이 있으면 좋겠다고 생각하던 중 보웬 이론의 핵심 개념 8가지를 간단하고도 명료하게 잘 설명해 주는 이 이론서를 번역하게 되었다. 물론 이 분야에 전혀 사전 지식이 없는 분들에게는 여전히 이 책이 어렵게 느껴질 수 있겠지만, 여러 차례 반복하여 탐독하고, 전문가들의 도움을 얻고, 스터디 그룹 등을 통해 이 의미들을 나누다 보면 자신과 세상을 새롭게 바라볼 수 있는 시각을 얻게 될 것이고, 놀랍게도 자신의 삶을 회복하고 새로운 삶을 펼쳐 나가는 지침으로 활용할 수 있음을 발견할 것이다.

보웬의 체계 이론은 특별히 '조직 문화'를 강조하고 조직의 망에 대한 순응 압력이 높은 한국 사회에서 인간 현상과 주요 사회적 사건들을 설명하는 데 매우 유용하고 적합한 한 이론적 분야이다. 이러한 사회 안에서 한 인간 현상을 그가 처한 맥락과 떼어 내어 설명하려는 시도는 고대 인도에서 유래된 〈장님과 코끼리〉 우화가 나타내듯, 부분적이고 구획화된 인간 이해로 안내할 수 있다. 세월호 참사를 특정 개인의 책임으로 돌리려는 정부의 대처를 보며 매우 안타까움을 금할 수 없었던 적이 있었다. 새 정부가 사회 조직의 역기능이 기여한 바를 인식하고 체계적 변화를 위해 노력하게 된 것은 이러한 종류의 사회적 참사의 재발 방지를 위해 매우 다행스러운 일이다. 우리는 나무와 숲을 동시에 볼 수 있는 시각이 필요하다. 보웬의 이론은 인간과 사회현상에 대해 안과 밖을 동시에 볼 수 있는 체계적 사고를 할 수 있도록 안내함으로써 보다 온전한 치유와 변화를 할 수 있도록 돕는다.

이 책에서는 개인과 가족의 치유에 초점을 맞추어 기본적인 개념들을 소개한다. 한 개인이 발달하는 과정에서 가장 중요한 영향으로 핵가족 안에서의 관계 경험을 주목하면서 보웬의 8가지 개념들을 전개해 나간다. 1장에서는 핵가족 정서체계 개념을 통해 정서적 단위로 묶여 있는 핵가족 안에서 개인이 반응하는 여러 유형과 관계의 패턴들을 소개한다. 2장에서는 자기분화의 척도 개념을 통해 핵가족 안에서 한 개인의 관계 경험에 따라 성장의 정도를 파악할 수 있게 돕는 이론을 소개한다. 3장에서는 삼각화 개념을 통해 핵가족이나 집단에서 갈등을 다루기 위해 사람들이 의식적·무의식적으로 선택하는 삼각화의 현상을 설명한다. 4장에서는 단절 개념을 통해 사람들이 갈등을 다루기 위해 자주 선택하는 정서적 단절 현상을 설명한다. 5장에서는 가족투사과정 개념을 통해 가족 관계 안에서 불안이나 특정 문제들이 어떻게 전수되는지 그 과정을 설명한다. 6장에서는 다세대전수과정 개념을 통해 한 개인의 형성이 여러 앞 세대에 어떻게 영향을 받는지를 설명한다. 7장에서는 형제자매 위치 개념을 통해서 출생 순위 및 젠더가 개인의 성격 형성에 미치는 영향을 설명한다. 8장에서는 사회적 정서과정 개념을 통해 한 개인과

역자 서문

가족이 전체 사회의 정서과정에서 받는 영향과 그에 따른 현상을 설명한다. 이 여덟 가지 개념들은 서로 접합을 이루어 한 폭의 그림이 완성이 되듯 이론적 체계를 잘 갖추고 있다.

"만약 당신이 이론을 알면 그 이론을 사용할 수 있을 것이다. 그러나 만약 알지 못하면 그것을 사용할 수 없을 것이다."라는 저자의 말에 동감한다. 우선적으로 이 책은 심리치료, 가족치료, 사회복지 등을 공부하는 전문가들이 심리적 · 개인적 · 정신역동적 관점의 한계를 넘어 내담자들을 잘 이해하고 통전적으로 도움을 제공하려 모색할 때 필요한 체계적 이론의 기본적이고 필수적인 개념들을 제공할 것이다. 이 분야의 전문가들뿐만 아니라 이 분야에 관심을 갖는 입문 단계의 독자들, 그리고 발달 단계상 부모와 가족 관계에서 변화를 경험하고 새로운 정체성 정립을 모색하고 대인 관계 및 친밀한 관계를 성공적으로 맺기를 탐색하는 대학생들에게 이 책은 도움이 될 것이다. 마지막으로, 교회나 각종 기관의 지도자들이 집단의 역동을 이해하고 어떤 조직에서나 야기되는 불안과 갈등을 효과적으로 다루고 지도자로서 적절하게 기능하는 법을 배우기를 원하는 독자들에게 도움이 될 것이다. 이 조그마한 책자 안에 담긴 소중한 관점들이 독자들에게 더 건강한 자신과 사회를 이루어 가는 데 유용한 자원으로 활용되기를 기대한다.

역자 김경

머리말

" 1954~1956년 기간의 초기 가족 연구자들은 그 이전의 저술에서 결코 묘사된 적이 없는 완전히 새로운 순서의 관찰들을 묘사하고 있었다. 내가 생각하기에 그것은 드디어 개인으로부터 가족 기준틀로 사고하기의 전환을 할 수 있는 능력과 관련되어 있었다……. 나의 연구에서 변화는 조현병 환자들과 그들의 가족들이 연구병동 안에서 함께 살게 된 직후에 갑작스러운 통찰로서 찾아왔다. 그러고 난 후 처음으로 가족현상을 실제로 보는 것이 가능하게 되었다. 조현병에서 이러한 현상을 볼 수 있게 된 이후 모든 사람에게서 여러 정도의 똑같은 현상을 자동적으로 볼 수 있게 되었다. "

Murray Bowen, 1976[1]

보웬 가족체계 이론은 정신과 의사이자 정신의학 교수인 머리 보웬 박사에 의해 개발되었다. 그는 그 과정을 1940년대 메닝거 임상센터(Menninger Clinic)에서 시작하였고, 국가건강기구(National Institutes of Health)에서, 그리고 조지타운 대학교(Georgetown University)에서 계속 이어 갔다. 그의 목적은 인간에 대한 연구를 인정받는 과학의 영역으로 가져오는 것이었다. 1990년 그가 사망할 무렵쯤, 그는 우리에게 인간 현상에 관해 관찰하고 사고하는 새로운 방식을 남기고 갔다.

이 이론에 의하면, 우수한 삶의 여정은 오고가는 느낌보다는 사고하기에 기초한다. 인간의 최상의 사고하기는 느낌이 아닌 사실에 근거하는 것이다. 물론 느낌들에 상당한 주의를 기울이는 것도 필요하다. 개인은 이 이론에서 가장 중요하지만, 이 이론은 가족을 개인적이 아닌 정서적 단위로 보는 데 기초한다. 더 나아가 이 이론은 사람들이 자신들과 타인들에 대해 무엇을 생각하는지, 느끼는지 혹은 말하는지에 기초하기보다는 관찰에 기초한다.

대부분의 사람에게 '체계적 사고'란 매우 다른 한 가지 사고방식이다. 뇌가 문자적으로 다시 훈련되어야 한다. 우리 대부분은 본성과 학습에 의해 자동적으로 '인과'적 사고를 하는 것에 길들여져 있다. 그러나 체계적 사고에서는 원인과 결과의 상관관계보다는 집단 내의 상호작용을 관찰하는 것을 중요시한다. 오직 개인이 어떻게 나쁜 영향을 받는지에만 주목하기보다는 이 이론에서 우리는 더 큰 그림을 보려 한다. 체계적 사고에서는 주어진 상황의 사실들에 관한 시각을 결코 잃지 않으면서 사람들 안에서 진행되는 정서적 과정을 보는 데 주목한다. 상대방을 통제 혹은 비난하기보다는 자신이 항상 자신의 삶을 더 잘 관리하는 것, 그리고 한 상황에 자신이 기여하고 있는 것을 더 잘 관리하는 것을 위해 노력한다.

이러한 새로운 사고방식에서는 아무도 비난하거나 비난받지 않는다. 오히려 정서체계 그 자체가 단위로서 작동하고, 각자는 모든 다른 구성원들에게 영향을 미친다. 체계적 사고에서 한 사람은 자신이 자기보다 훨씬 더 큰 무엇인가의 한 작은 부분임을 인식한다. 마치 자신이 모든 세대의 영향을 받은 가족의 한 작은 일부인 것을 인식하는 것과 같다.

인간 가족은 정서적으로 자연체계인 포유류의 한 가족이기 때문에, '체계적 사고'라는 용어는 수학상의 체계가 아닌 자연체계를 말한다. 체계적 사고 이론은 자연체계를 실제적으로 관찰함으로 발전되었다. 자연체계는 수학적 법칙을 항상 따르는 것은 아니다.

또한 체계적 사고는 사람들로 이루어진 한 체계의 주어진 상황에서 작동하는 정서적 혹은 자동적 과정들을 지켜보는 것을 말한다. 이러한 정서적/자동적 과정들은 개인과 집단이 다루기 어려운 것들일 수 있는데, 만약 그것들을 다룰 수 있다면 지속적 삶의 발전에 매우 유익한 것이다. 그리고 보웬 이론이 소개

머리말

되기 전까지 대부분의 사람들은 집단들의 자동적인 정서적 과정들에 관한 생각을 거의 하지 않았거나 전혀 착안을 가지지 않았다. 그러나 이러한 과정들은 우리들의 삶에 매우 강력하게 작용하고 있다.

보웬 이론은 인간 가족과 개인을 다루는 현저히 응집력 있는 공식적인 여덟 가지의 개념들로 이루어져 있다.

나는 보웬 이론을 수년 동안이나 연구하는 많은 사람들, 심지어 이 분야의 지도자들조차도 이 공식적인 여덟 개념에 대해 분명한 이해를 하지 못하는 것을 관찰해 왔다. 그들이 예고 없이 종이 위에 열거해 보라고 요청받으면, 많은 사람들은 답하지 못한다. 보웬 이론에는 이 여덟 가지 개념 이상이 있지만, 이 개념들을 잘 배워 둘 이유는 많다. 이 개념들은 진지하게 배우려는 학생들이 그 위에 다져 갈 수 있는 시초이자, 필수적인 요소이며, 또한 기반이다.

내 생각에 여덟 중 일곱 개념은 정서적 단위로서의 가족(the family as the emotional unit)이라는 가장 근본적인 개념에 기인하여 논리적 진보를 통해 발전되었다. 이 책은 정서적 단위로서의 가족이라는 맥락에서 우리가 모든 착안점들을 봄에 따라 그 개념들이 가장 잘 이해되고 또한 각 개념이 필수적임을 발견하게 된다는 이해에 기초하여 구성되어 있다. 여기서 착안점은 가장 단순한 것으로부터 복잡한 것으로, 그리고 단계적으로 구성되어 있다. 그 과정은 그것의 합리성 때문에 그 개념들을 기억하는 것을 촉진시킨다.

　나의 기관들과의 관계 경험 중 대부분은 성직자들과의 리더십 세미나에서 수집되었다. 그 이유로, 성직자들과 회중들이 예로 자주 사용된다. 그러나 그 예들은 어떤 조직의 환경에 있는 한 집단에도 적용할 수 있는데, 그 이유는 인간 집단들은 예측이 가능하기 때문이다.

　"만약 당신이 이론을 알면 그 이론을 사용할 수 있을 것이다. 그러나 만약 알지 못하면 그것을 사용할 수 없을 것이다."라는 말은 내가 가장 좋아하는 말 중에 하나가 되었다. 나는 관계의 어려움에 직면할 때 자주 여덟 개념을 열거해 보고 어떤 개념이 어떻게 적용될지를 살펴본다. 그렇게 하기를 끝낼 즈음에 나는 나의 어려움으로부터 벗어날 수 있는 방법을 보여 주는 몇 가지 지침을 갖게 된다. 여덟 개념은 그것들을 이해하고 사용하는 사람들에게 그와 같은 마법을 지니고 있다.

　정서적 단위로서의 가족(the family as the emotional unit)에 기초하여 논리적 진행을 따라 확립된 보웬 이론의 여덟 개념은 다음과 같다.

- 핵가족 정서체계(Nuclear Family Emotional System)
- 자기분화척도(The Differentiation of Self Scale)
- 삼각화(Triangles)
- 단절(Cutoff)

- 가족투사과정(Family Projection Process)
- 다세대전수과정(Multigenerational Transmission Process)
- 형제자매 위치(Sibling Position)
- 사회적 정서과정(Societal Emotional Process)

이제 각 개념을 좀 더 구체적으로 살펴보고 각 개념들 간의 연관성을 보게 될 것이다.

THE
8
CONCEPTS

차례

THE
8
CONCEPTS

핵가족 정서체계
핵가족은 정서적 단위이다(The Nuclear Family is the Emotional Unit)

"서로에게 헌신하여 결혼한 두 사람은… 하나의 새로운 정서적 일체로 융합한다. 그들이 정서적 융합을 다루는 데 사용하는 기제들은 그들에게 일종의 생활양식이 되고, 그 기제들은 앞날에 봉착하게 될 문제들의 종류를 결정짓는 데 영향을 미친다."

"배우자들이 융합 증상들을 다루는 데는 여러 가지 방법이 있다. 가장 보편적인 기제는 서로로부터 정서적 거리두기를 하는 것이다… 정서적 거리두기 외에… 세 가지 주요 방법이 있는데… 결혼 갈등, 한 배우자의 질병 혹은 역기능, 그리고 문제를 아이에게 투사하는 것이다."[1]

Murray Bowen, 1971 & 1976

보웬 가족체계 이론에서는 개인보다 핵가족이 정서적 단위이다. 이 개념은 우리로 하여금 관계적인 모든 것에 관해, 그리고 모든 것에 관해 생각하는 방법을 변화시킬지도 모른다. 깜짝 놀랄 만한 것처럼 들리지만, 그것은 과장된 진술이 아니다. 이 생각은 전적으로 다른, 그리고 가장 새로운 하나의 사고방식, 즉 '체계적 사고'로 안내한다.

더 나아가, 이 개념에 근거하여 다른 모든 개념들이 확립되었

다.[2]

가족이 정서적 단위라는 말은 무엇을 의미하는가? 여러 가지를 의미하지만, 특히 우선적으로 두 가지를 의미한다.

1. 한 개체에게 영향을 미치는 무엇인가는 체계 안에 있는 각자에게 영향을 미친다. 이 말은 집단 안에서는 불안이 한 사람에게서 다른 사람으로 쉽게 이동한다는 것이다.
2. 여러 자기(self)들의 '융합'인 한 가족 안에서 구성원들은 '자기'를 가족 관계 연합성과 거래한다.

자연체계들에서In Natural Systems

정서적 단위의 가장 기초적인 형태가 무엇을 의미하는지 살펴보자. 예로, 나의 할아버지 농장의 소 떼를 들 수 있다. 소 떼는 초장에서 평화스럽게 풀을 뜯고 있다. 하지만 한 마리의 소가 전기 울타리에 너무 가까이 다가가서 전기 충격을 받으면 껑충 뛰고, 소리 내어 울면서 뛰고 달릴 수 있다. 이것은 그 소가 매우 불안한 상태임을 보여 준다. 초장에 있는 다른 소들이 그 불안을 전달받는 데는 얼마나 걸릴까? 물론, 거의 즉시 받는다. 그들의 행동은 곧 동요되므로 최초 한 마리의 불안을 그들이 흡수했다는 것을 보여 준다. 소 떼는 그 무리들 가운데 불안의 이동에 의한 정서적 체계라는 것을 보여 주고 있다. 한 개체에게 영향을 미치는 불안은 모두에게 영향을 미친다.

보웬 이론의 몇 가지 중요한 원리들은 다음의 예에 의해 설명이 가능하다.

1. 불안은 정서체계들에서 중요하다. 체계적 사고의 목적을 위해 불안(우울, 흥분, 화, 그 외)의 다양한 특색을 묘사할 필요까지는 없다. 가장 기초적으로 대부분의 고조된 정서는 단순히 불안으로 묘사될 수 있다. 정서란 자동적인 생리적 반동(automatic physiological reactions)이다. 그 정서들이 의식화될 때, 우리는 느낌(feelings)이라 부른다. 불안은 자동적이며, 그것은 대부분 의식되지 않는다.
2. 불안은 집단의 개인들 사이와 가운데서 옮겨 다닌다. 그것은 전염된다.
3. 불안이 이동하는 범위를 정서체계의 한계 구역으로 정의한다. 예로, 길 건너편에 있는 소 떼는 맞은편의 소 떼의 행동을 흥미롭게 보고, 심지어 약간 초조해질 수도 있지만, 건너편 소 떼의 불안에 가까운 수준을 나타내지는 않는다. 그 소 떼는 다른 또 하나의 정서체계이다.

소뿐만 아니라 사람들의 정서체계들을 이해함에 있어서 불안은 매우 중요하기 때문에, 좀 더 구체적으로 불안에 대한 이해

017

가 필요하다.

불안Anxiety

불안에는 급성불안과 만성불안이라는 두 가지 종류가 있다. 급성불안은 인간의 삶에서 매일 일어난다. 자동차 사고가 났을 때, 주식 시장이 요동칠 때, 혹은 직장에서 위협이 있을 때 등의 스트레스 요인들에 대한 우리의 반동이 급성불안의 예가 될 수 있다. 만성불안은 우리가 지니고 다니는 불안의 배경 수준과 더 관련된 것이다. 만성불안의 대부분은 우리가 원가족 안에서 자라는 동안 우리 안으로 프로그램화되는데, 그 불안의 수준은 대개 원가족의 불안 수준과 비슷한 정도이다. 우리는 만성불안을 나쁜 습관처럼 지니고 다니는데, 그것은 다소 자동적이다.

급성불안Acute Anxiety

포유류들은 스트레스 요인 혹은 요인들에 직면할 때 예측 가능한 방법으로 반동을 한다. 위험이 감지되자마자 아드레날린 혹은 에피네프린이 부신(콩팥위샘)의 속질로부터 분비된다. 에피네프린 호르몬은 심장박동, 혈압 그리고 발한을 고조시켜 어떤 장소에서 도망가기, 싸우기 혹은 꼼짝 못 하기의 반응을 하게 한다. (흥미롭게도 어떤 종들은 스트레스하에서 돌보기의 행동을 시작하기도 한다.) 따라서 아드레날린 혹은 급성불안 반응은 유기체가 임박한 위험에 적절하게 반응하는 것을 가능케 한다.

만성불안Chronic Anxiety

　원가족에서 살면서 습득한 것이든 현재의 가족 안에서 순회하는 것으로부터 습득한 것이든 우리가 지니고 다니는 '배경' 수준의 불안이 만약 계속된다면 다른 일련의 호르몬이 분비되는데, 그중 하나는 부비의 외부 조직 혹은 '피질(cortex)'이 개입되어 코르티솔과 같은 코르티컬 스테로이드 호르몬을 분비한다. 이 호르몬들은 매우 다양한 효과들을 유발하는데, 우리는 이제 겨우 그중 몇 가지 효과들에 대해서만 이해하기 시작했다. 그 호르몬들은 그야말로 수백의 상호작용 가운데서 다른 호르몬 분비와 효과를 폭포수처럼 쏟아져 나오게 한다. 다른 것들 가운데 코르티컬 스테로이드의 효과는 항알레르기 및 항염증성이다. 그것들은 많은 만성적 불안의 효과들로부터 지속되는 세포 조직의 손상을 치유하기 위한 몸의 노력을 나타낸다. 그것들은 또한 원치 않는 부작용도 가지고 있다. 몇 가지 부작용은 체중 증가, 감염에의 취약성, 위궤양 등을 포함하고, 어떤 연구자들은 뇌의 노화 효과를 유발하여 치매를 일으킬 수 있다고 주장한다.

불안은 가산적이다Anxiety is Additive

무엇이 그것의 방아쇠와 같은 역할을 하든지 불안은 가산적이다. 만약 한 사람이 자신의 가족으로부터 흡수하여 지니고 다니는 불안의 배경 수준에 부가적으로 사업이 기울고, 그 이후 세금 보고에 관련된 국세청 조사를 받게 되고, 그 이후 '9·11 테러'와 같은 국가적 위기가 발생하게 되면, 이 사람의 불안은 평소보다 훨씬 높은 수준으로 상승하게 될 것이다. 방아쇠와 같은 유발 요인이 무엇이든 반동은 똑같다—불안이다. 유발 요인이 많으면 많을수록 불안의 수준은 더 높이 상승한다.

유발 요인들은 위에 열거한 것과 같은 부정적인 것들일 수도 있고, 때로는 단순한 변화들일 수도 있다. 우리는 심지어 결혼이나 승진과 같은 긍정적인 변화들에도 흔히 우리가 '스트레스 반응'이라고 부르는 생리학적 반응을 한다.

연합성 융합들The Togetherness Fusions

우리가 가족이라는 나보다 더 큰 조직을 아무리 부정하려 애쓰든, 또는 그것으로부터 단절하려고 애쓰든 가족은 우리들의 약점들과 강점들을 포함하여 우리를 형성함에 있어서 상당한 수준의 영향을 미친다. 우리는 자신에 대해 좋은 것이든 나쁜 것이든 많은 부분을 우리 자신이 속했던 가족, 그 가족에게 했던 우리의 반응들, 그리고 그 안에서 우리가 배운 원칙들에 의거하여 형성되었다. 한편, 가족 경험은 우리가 새로운 패턴을 생성하도록 압력을 가해 기존의 패턴과는 다르게 살도록 한다.

인간존재의 상당한 부분이 가족이라는 가장 기본적인 사회조직에서 생성된 강력한 '연합성'의 압력에 의해 규제된다. 그 압력은 '개별성'의 압력과 반대로 한 가족 안에서 우리를 자동적으로, 그리고 본능적으로 함께 끌어당기고 가족이 무엇인지를 정서적으로 규정한다. 그것은 우리를 함께 접착하게 하고, 각자의 부분을 흡수하고, 그 집단을 위해서 우리가 그곳에 있어 주기를 요구한다. 연합성은 한 사람이 '과도하게' 한 자기(self)가 될 때 그 사람을 집단 안으로 다시 끌어당기려는 압력이다. 그것은 "우리처럼 되어라." "너 자신보다 우리를 위하라." 혹은 "우리가 생각하는 대로 생각하라."라고 말한다. 그것은 좋게 느껴질 수도, 나쁘게 느껴질 수도 있다. 그것은 보호적이 될 수도 있고, 우리가 될 수 있는 최상의 자기가 되는 것을 방해할 수도 있다.

그러한 방식으로 자기보다 훨씬 크고, 우리가 그것의 한 부분이 되는 조직으로서의 가족은 그 구성원들의 자기의 '기부들(donations)'로 구성되어 있다. 특히 개인보다는 더 가족을 위해 그곳에 있는 자기들의 부분들이 그 기부들이다. 그러한 방법으로 그 구성원들은 함께 '융합'하거나 그 가족 안으로 '자기를 상실'하게 되는데, 이것은 시간 그 자체만큼이나 오래된 자동적 반동에 의해 그렇게 된다. 이러한 '함께 군집하는 것' 혹은 모이는 본능은 불안이 증가할 때 시작이 된다. 다양한 가족들에서 정도는 다르지만, 마치 소 떼처럼 한 사람이 불편해지면 다른 모든 사람도 그렇게 된다([보기 1] 참조: 전통적으로 남성은 사각형으로, 여성은 원으로 표기된다).

개인들이 자기의 일부분을 포기함에 따라 이 자기의 부분들이 집단자기에서 함께 '융합'된다. 모든 개인에게 자기를 위해 집단에 융합되지 않은 부분이 남겨진다. 이 남아 있는 부분이 각자를 한 개인적 자기로 구분시켜 준다. 다양한 가족들에서 그 양의 정도는 다양하며, 심지어 똑같은 가족 안의 다른 개별적 구성원들 사이에서조차 다양하다.

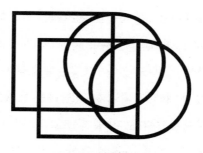

[보기 1] 가족융합

가족 관계 패턴들Family Relationship Patterns

한 가족원이 스트레스를 받게 되면 소 떼처럼 모두가 불안해한다. 그러면 융합(모이는 본능)을 향한 경향성은 더 명백해진다. 융합은 위기에 혼자 고립되어 있는 문제를 해결하기도 하지만 그 융합 자체는 불편하여 불안을 가중시킨다. 그래서 가족 구성원들은 그들의 불안한 느낌들을 해소하기 위한 노력을 하는데, 서로를 향해 잘 알려진 특정한 자세들을 취함으로써 그렇게 한다. 이 자세들은 관계융합들 혹은 집단 안으로의 자기상실(접착-연합성)의 사실상의 증거다. 관계에서 연합성(혹은 융합)은 불안을 해소하려는 하나의 시도이기는 하나, 실제로는 그것 자체의 불안을 생성시켜서 전반적인 어려움을 가중시킨다. 이 자세들은 잘 알려져 있고, 실제로 위험에 처했을 때 다른 종들의 행동과 매우 흡사하게 보인다(싸우기, 도망하기, 꼼짝 못 하기, 그리고 보살피기).

이 자세들 자체만으로는 좋은 것도 나쁜 것도 아니다. 우리가 매일 일상에서 이 자세들을 아주 자주 사용하기 때문에 우리 모두에게 자동적이고 친숙한 것이다. 이 자세를 취하게 될 때 우리가 반드시 이에 대해 의식하지는 않는다. 이 자세들은 정서적이며 반동적인 반응들이다. 이 자세들을 우리 대부분이 자주 그렇게 하듯 짧게, 그리고 사용에 있어서 번갈아 가면서 취하게 되면 문제가 되지 않는다. 이것들 중 한 자세가 불안을 다루는

023

유일한 출구로 이용될 때와 이것을 반복적으로 사용함으로써 이 자세로부터 벗어나는 방법을 아무도 모를 지경까지 이르게 될 때 문제가 된다.

다음은 관계에서 불안이 고조될 때 취하게 되는 네 가지 전형적인 패턴들 혹은 자세들이다.

- 삼각화하기(혹은 한 아이에게 초점 맞추기)
- 갈등
- 거리두기
- 과대기능하기/과소기능하기의 상호작용(혹은 역기능적 배우자)

삼각화하기Triangling

한 가족이 불안해지게 될 때 취하게 되는 자동적인 자세들 중 하나는 삼각화 혹은 한 아이에게 초점 맞추기이다. 무엇을 의미하는지 살펴보자.

가령, 배우자 중 남편인 아버지가 아주 힘든 하루를 보내고 불안한 상태로 집에 왔다고 할 때([보기 2a] 참조), 어머니가 그것을 알아차리는 데는 얼마나 오래 걸릴까? 소들처럼 그녀는 즉시 알아차린다. 그리고 소들처럼 그녀는 아마 그 불안을 자기가 흡수할 것이다(불안이 소들 사이에서 얼마나 빨리 퍼지게 되는지를 기억하라). 남편은

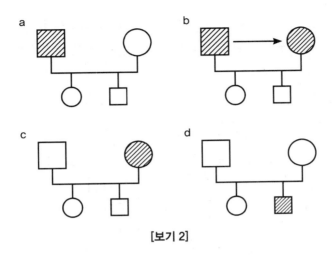

[보기 2]

불안을 전수하고([보기 2b] 참조) 아내는 즉각 그것을 흡수한다. 흥미롭게도 아내가 불안을 취하는 즉시 남편은 일반적으로 침착해진다([보기 2c] 참조). 이제 아이들 중 한 아이가 어머니 주위에 다가오면 어머니의 불안을 흡수하게 되고, 불안은 그 아이에게 안착하게 될 것이다([보기 2d] 참조). 어머니는 나아진 느낌이 들 것이다. 그래서 이제 두 차분한 부모와 불편해진 한 아이를 우리는 보게 된다. 불안이 아이에게 안착하게 되는 이러한 독특한 순환이 충분히 자주 일어나면 우리는 삼각관계 패턴을 가지게 된다.

나아가서 만약 가족 불안이 한 아이에게 충분히 길게, 그리고 자주 안착하는 경향이 지속되는 그 아이는 증상을 발현하게 된다(신체적, 정신적/정서적, 혹은 사회적인). 증상의 발현은 부모의 불안을 고조시킨다. 그들은 아이 걱정을 시작한다. 더 걱정을 하면 아이는 더 불안해하고, 증상을 강화시키게 되고, 따라서 그러한 악순환은 계속된다. 이 패턴이 왜 '아이초점'으로 불리는지 쉽게 알 수 있다([보기 3] 참조).

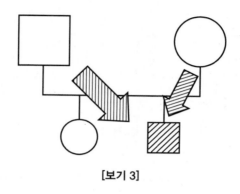

[보기 3]

삼각화는 인간 현상에 매우 중요하기 때문에 우리는 보웬 이론의 다섯 가지 개념 이상에서 그것들이 어떻게 작동하는지, 다르게 되풀이되면서 나타나는지를 발견한다. 이 중요한 아이디어가 여덟 가지 개념 중 하나로 반복적으로 나타나기 때문에 더 자세한 내용은 후반부에서 다루어질 것이다.

한 가족 안에는 많은 삼각관계가 있다. 앉아서 그것들을 한번 그려 보는 것은 매우 유익하다.

우리가 조금 전 본 것처럼, 누군가가 불안의 대부분을 취하게 되면 그 개인이 결국 증상들을 발달시키게 될 것이다. 이러한 증상들은 더 불안한 초점을 받게 되고, 그 초점을 고조시키게 인도하고, 그래서 그 현상이 반복될 것이다.

보웬은 다음과 같이 말했다.

> "핵가족 안에서 이 과정을 고조시키는 것을 규제하는 두 가지 주
> 된 변인이 있다. 첫 번째 것은 확대가족으로부터 혹은 중요한 관계
> 체계의 타인들로부터의 정서적 고립 혹은 단절의 정도이다… 두 번
> 째 것은… 불안의 정도와 관련이 있다… 어떤… 핵가족 안에서의
> 증상들은… 불안이 낮을 때는 덜 강렬하고 불안이 높을 때는 더 강
> 렬하다."[3]

가족 안에서 삼각화된 불안은 흔히 한 아이의 질병으로 귀결
된다. (원래 보웬은 이론의 이 부분을 '한 아이에게 투사'로 지칭했다.) 그러나 삼각
관계는 가족 밖으로 추문에 연루되기도 한다. 또 격동된 가족은
법률체계 혹은 건강 돌봄체계 등과 같은 많은 기관들 안에서 삼
각화를 만들어 안정을 찾으려 시도한다.

직장에서 삼각관계는 가족 안에서처럼 많이 있다. 삼각관계
는 세워지기도 하고 또 서로 맞물리기도 한다. 지도자는 한 조
직 안에 혼자 서 있기 때문에 초점의 대상이 되기도 한다.

삼각관계는 국제 관계에서 역시 많이 나타난다. 어떤 날이든
뉴스를 읽게 되면 세계의 공동체의 많은 삼각관계들 안에서 국
가들의 위치 찾기(positioning)와 정렬하기(aligning)를 볼 수 있다. 외
국의 지원은 삼각관계를 만들 수 있다—지원이 주어질 때 그 지

027

원국에 대항하는 적대국이 자동적으로 만들어지는데, 그 지원
국은 지원을 받는 국가의 적대국들에 의해서는 그들에게 대항
하는 것으로 보인다. 국가들은 그들의 지도자들에 의해 흔히 어
려운 상황으로 '삼각화되는' 것처럼 보인다.

갈등Conflict

> 갈등은 "…주요 이슈들에 관하여 어느 쪽도 상대방 쪽에 양보하
> 지 않으려 할 때 일어난다. 이러한 갈등적 결혼들은 각자가 상대방
> 에 투자하는 정서적 에너지의 양에 있어서 강렬하다."[4]

갈등은 극단적으로 비참하게 될 수 있다. 이러한 관계들은 상
당한 양의 고통을 수반한다. 그들은 갈등 가운데 상대에게 비난
퍼붓기를 번갈아 가면서 한다. 선호하면서 과도하게 사용하는
말이 '너'이다. 비난의 투사는 그날의 중요한 일이 된다. 두 사람
은 강렬한 대결적인 불일치, 경쟁 혹은 비난으로 서로를 대항한

[보기 4] 갈등

다([보기 4] 참조).

　가족 안에서 극단적인 형태의 갈등은 성인들 사이나 아이들을 향해 신체적 폭력으로 악화되기도 한다. 직장에서의 갈등은 상당한 양의 에너지를 고갈시킬 수 있는데, 이는 과업을 완수하지 못하게 한다. 교회에서의 갈등은 사람들이 서로를 공격하는 데 몰입됨을 의미하는 것으로, 그 집단은 집단의 임무를 소홀히 하게 된다. 국제적 갈등은 전쟁으로 악화되기도 하는데, 그것은 갈등의 가장 후회스러운 형태이다. 물론 현 시대의 전쟁은 그 어느 때보다 어마어마한 파괴적 무기의 사용으로 인류의 생존에 치명적 손상과 상실을 초래하는 위험을 지니고 있다.

029

거리두기Distance

　사람들은 갈등에 지쳤을 때 대개 또 하나의 자동적인 패턴인 거리두기의 자세를 취하게 된다. 그들은 이제 그 문제를 해결했다고 믿는다. 적어도 일시적으로는 갈등이 끝났다. 하지만 실제적으로 그들은 아무것도 해결하지 않았다. 그들은 단지 한 패턴을 다른 패턴으로 교체했을 뿐이다. 모든 네 가지 관계 자세들이 사람들로 하여금 일대일 관계로부터 멀어지게 하지만, 때때로 거리가 너무 현저하여 그것이 주요 패턴이 되어 버린다. 보웬이 말했듯이,

"가장 보편적인 기제는 각자로부터 정서적 거리두기이다. 그것은 모든 결혼 관계에서 어느 정도 나타나는데, 높은 비율의 결혼 관계에서 상당한 정도로 나타난다."[5]

[보기 5] 거리두기

위의 거리두기 패턴의 다이어그램에서 보이는 정서적 강도를 나타내는 작은 선들은 중요하다—그것들은 거리두기의 시초와 필요성을 설명해 준다([보기 5] 참조). 의사소통은 줄어들고 중단될 수 있다. 몇 달 동안 파트너들은 서로 말하지 않을 수 있다. 겉으로 보기에 그들은 단절된 것처럼 보인다. 하지만 안으로는 다른 이야기이다. 거리두기를 한 사람들은 서로에 대해, 관계에 대해, 그리고 거리두기로 인도한 그 갈등에 대해 상당히 많이 생각한다. 거리두기를 통해서는, 그들이 그 문제로부터 자유롭기까지는 요원하다. 그들은 여전히 그 거리두기에 의해 정서적으로 속박되고 정의되고 있다.

거리두기의 패턴들은 별거 혹은 이혼에 이르게 할 수 있다. 직장에서 거리두기의 패턴은 소통을 방해하여 효율성을 현저히 감소시키고 불안을 고조시킬 수 있다. 국제 관계에서도 거리두기가 자주 관찰된다. 예를 들어, 어떤 나라들은 서로 간에 그들의 공직자들을 통해 많이 '이야기'하지만 다른 나라들과는 전혀 접촉조차 하지 않는다. 여러 유형의 무역 혹은 외교적 제재는 드라마를 만들고 성문화한다.

거리두기의 개념은 극단적인 형태인 단절로 나타나 중요한 개념으로 자리 잡는다(4장 참조).

과대기능하기/과소기능하기의 상호작용
Overfunctioning/Underfunctioning Reciprocity

원래 '한 배우자의 역기능'으로 이름 붙여진 과대기능하기/과소기능하기의 상호작용은 두 개별적 자기들이 한 자기를 만들려고 시도하는 파트너들을 묘사한다.[6]보웬은 그것을 다음과 같이 묘사했다.

> "한 배우자가 공동자기를 위해 더 지배적인 결정권자가 되고, 다른 배우자는 그 상황에 적응한다. 이것은 가까운 관계에서 자기를 빌리기와 빌려주기의 가장 좋은 보기 중 하나이다. 한 사람은 지배적 역할을 취하여 상대방으로 하여금 적응하게 만든다… 지배자는 더 적응하여 자기를 잃어버리는 사람을 희생시켜 자기를 얻는다."[7]

"각자는 상대방에게 어느 정도 적응을 하는데, 대개 각자는 상대 방보다 더 많이 자신을 양보한다고 믿는다. 오랜 기간 동안 적응하는 위치에서 기능한 사람은 점진적으로 스스로 기능하기와 결정하기의 능력을 상실하게 된다. 그 지점에 이르게 되면 약간의 스트레스가 증가되어도 적응자는 역기능에 이르게 되고, 신체적, 정서적 혹은 사회적 질병을 가지게 되며, 음주, 외현적 행동 그리고 무책임한 행위와 같은 문제에 빠지게 된다."[8]

이 관계 패턴은 시소와 같다. 한 사람이 좋아지면, 상대방은 더 나빠진다.

과대기능자

- 답들을 알고 있다.
- 잘 지낸다.
- 상대방이 무엇을 해야 할지, 어떻게 생각해야 할지, 어떻게 느껴야 할지를 말한다.
- 과도하게 도우려 한다.
- 타인에 대한 지나친 책임감을 취한다.
- 자신을 위해 할 수 있는 것들을 상대방을 위해 한다.
- 상대방을 '문제'로 본다.
- '집단 사고'를 가져옴으로써 일치를 요구한다.

과소기능자

- 무엇을 해야 할지 알기 위해 타인에게 의존한다.
- 충고를 필요 이상 구한다.
- 필요하든지 필요하지 않든지 상대가 제공하는 모든 도움
  을 취함으로써 수동적이 된다.
- 자신이 스스로 할 수 있는 것을 타인에게 시킨다.
- 자신을 '문제'로 본다.
- '집단 사고'에 허용적이다.
- 결국 증상이 발전한다.
- 모든 것에 양보한다.

가족에서 과대기능하기/과소기능하기 관계에 놓인 사람들은
상당한 양의 시간을 과소기능자의 증상들에 대한 도움을 물색

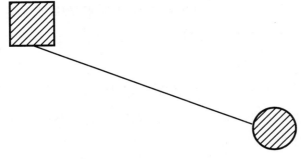

[보기 6] 과대기능 / 과소기능의 상호작용

하거나 얻는 데 쏟게 될 것이다. 더 도우려 노력하면 할수록 상대방은 더 비탈길로 내려가게 될 것이다([보기 6] 참조).

직장에서 지도자는 과대기능자가 될 수 있다. 이 현상이 나타나면 그 집단의 에너지와 생산성이 서서히 쇠퇴하게 되는 것을 보게 될 것이다. 지도자는 또한 그들의 책무를 감당하지 않음으로써 과소기능자가 될 수도 있다. 여기서 다른 사람들은 결국 방향을 잃게 될 것이다.

교회에서 목사는 때로 과소기능하는 집단을 만나기도 하는데, 그들은 항상 뒷짐 지고 앉아서 지켜보거나 비판만 하면서 목사가 모든 일을 혼자 다 하도록 기대함으로써 '되어지기만'을 기다리는 것에 익숙해져 있다. 또는 목사가 리더십 과소기능에 빠져 다른 사람이 지도자인 것처럼 지켜보거나 혹은 그 집단의 임무와 맞든지 맞지 않든지 상관없이 교인이 열광적인 활동에 빠져 있는 것을 보게 될 수도 있다. 만약 그 집단이 높은 책임감을 가지고 있는 활동적인 그룹이라면, 그 집단은 그 집단 스스로를 조직화하고 동기화함으로써 지도자가 필요 없게 만든다. 더 흔히 과소기능하는 지도자는 한 조직 안에서 혼란을 야기한다. 중요한 결정들은 이루어지지 않게 되고, 창의적인 아이디어들은 무시되어 버리거나 후속적인 관심도 받지 못한다.

직장에서의 과대기능자는 집에서 과소기능자가 될 수 있고 그 반대의 경우도 될 수 있는데, 이는 어떻게 관계의 패턴들이 형성되는가에 달려 있다.

보웬 이론의 여덟 가지 개념

국제 관계에서 과대기능하기의 실례로는, 실제로 원조가 필요 없는 나라들을(혹은 그 원조가 부패된 지도자들에게만 가는 경우에) 외국이 지원하는 것을 들 수 있다. 강대국은 더 이상 군사적 지원이 필요 없는 다른 나라들에 군대 주둔을 유지시키거나, 혹은 세계의 다른 국가들이 '강대국'의 정책을 심사숙고하여 만들었든 그러지 않았든 상관없이 자동적으로 동의하기를 기대한다. 국제 관계에서 과소기능하기의 예로는, 경제적 문제 혹은 다른 문제들을 다른 나라의 탓으로 돌리는 것, 건강한 경제적 기초를 그 나라가 세우기 위해 더 좋은 방법이 있음에도 불구하고 경제적 지원을 요청하거나 받는 것(그 나라가 스스로 더 잘할 수 있는 것이 무엇인가에 초점을 맞추기보다는 다른 나라들이 자기들을 위해 무엇인가를 해 주기를 기대하는 것)을 들 수 있다. 이 모든 것은 흔히 낮은 수준의 리더십의 결과로 나타나는데, 이 경우의 지도자들은 심사숙고하여 도출한 원칙들보다는 정서적 혹은 자동적 반응들로부터 작동한다.

035

관계 패턴들에 관하여About the Relationship Patterns

우리는 패턴들에 관하여 인식함으로써 때때로 한 체계 안에서 옮겨 다니는 불안을 주목하고 또 볼 수 있게 된다. 불안이 강렬할 때 그 패턴들은 더 현저히 보인다. 불안이 낮을 때는 이 패턴들이 거의 없거나 전혀 없는 것으로 보인다.

관계의 융합들Relationship Fusions

우리는 불안할 때 이 불안을 관리해야 할 필요 때문에 가족과 연합한다. 가족은 이러한 필요에 의해 부분적으로 함께 연합된 핵심단위이다. 그리고 불안이 증가하면 연합성이 강렬해진다. 연합성의 증가는 개인들의 자기를 집단에게 더 잃게 된다는 것을 의미하고, 불안이 그들 사이에 더 빨리 흐르게 된다는 것을 의미한다. 이것이 곧 관계의 융합들의 정의이다. 융합들은 불안을 증가시키고 사람들은 이 불안을 관계의 자세들이라는 수단을 사용하여 다루려 한다. 또한 우리는 이 자세들 혹은 패턴들이 불안을 증가시키는 것을 관찰하였다. 불안을 다루는 한 방법으로서의 연합성은 자동적이면서 (정서체계의 한 부분으로) 다른 종들과 사람들에게 효과적으로 작동할 수 있으나, 해결책이기보다는 더 문제가 된다.

관계들에서의 불안Anxiety in Relationships

불안이 특정 수준까지 도달하게 된 후 (각 사람마다 다르지만) 그것은 사려 깊은 반응을 제압해 버린다. 논리적 사고를 불가능하게 한다. 그것은 마치 (대뇌의 표면에 위치하는 신경세포들의 집합체인) 대뇌피질

(뇌에서 생각하는 부분)이 불안에 의해 '범람'하게 되는 것과 같다. 그러한 일이 일어나면 대뇌는 제대로 작동하지 못한다.[9] 논리적일 수 있는 능력과 사려 깊은 반응을 줄 수 있는 능력이 없는 한 관계의 어려움은 해결될 수 없다. 따라서 불안은 계속 고조된다. 불안이 고조되면 관계의 자세들이 작동하기 시작한다. 그러면 그 패턴들은 이미 초과 적재된 상황에 불안을 더 가중시키게 된다.

조직들 내에서의 정서체계
The Emotional System in Organizations

조직들도 역시 정서체계인가? 그렇게 보인다. 이론적으로 하나의 정서체계를 생성하는 데 필요한 전부는 시간을 함께 보내는 것이다. 만약 사람들이 충분한 시간을 함께 보내면 가족의 체계와 비슷한 하나의 정서체계를 형성하기 시작한다. 사실상 많은 경우 사람들은 그들의 가족에서보다 더 많은 시간을 그들의 조직들에서 보낸다. 똑같은 패턴들이 조직들 안에서 관찰될 수 있고, 가족들에서 정서적 과정들을 규제하는 원칙들이 조직들에서도 적용된다.

일정 수준 이상을 벗어난 불안은 한 집단이 기능하는 것을 방해하고 업무 효율성을 감소시킨다. 극단적인 경우들에서 그 불안은 모두 함께 작동하는 것을 파괴시킬 수 있고, 나아가 그 조직 자체를 파괴할 수 있다.

다른 한편으로 한 개인이 불안을 흡수함으로써 불안이 그 체계 주위를 돌아다니는 것을 막기도 한다. 그러면 불안은 보다 더 허용적인 수준으로 낮아져서 작업 효율성과 팀워크가 다시 이루어질 수 있게 한다.

패턴들을 멈추기Interrupting the Patterns

고조되는 불안에 걸려 모든 가능한 위험들에 직면했을 때, 어떻게 그 순환을 반전시키는 것에 대해 생각할 수 있을까? 어떻게 변화를 만들 수 있을까?

성찰해 보면, 우리는 만약 관계 패턴들에 걸린 사람들 중 누구든지 관계에서 그들 자신의 부분을 다르게 관리할 수만 있다면 그 패턴이 사라지게 될 수 있다는 것을 쉽게 볼 수 있다. 소 떼를 헛간 안으로 다시 몰아넣으시던 나의 할아버지의 일은 매우 '차분하게 현존'하는 것이었다. 할아버지는 격동된 소들이 우유를 매우 적게 만든다는 것을 아시기 때문에 노래하며 부드럽게 말함으로써 그 소들을 대하셨다.

갈등에 관하여는 우리들의 할머니들이 옳았다. 싸우는 데는 정말 두 사람이 필요하다. 만약 한 사람이 뒤로 몇 걸음 물러나 깊이 숨을 들이마시고 침착해지면, '유순한 대답이 분노를 쉬게' 한다.

거리두기 패턴에서 항상 다른 사람과 접촉하기를 시작하는 한 가지 방법이 있다. 그것은 연결하기를 시도하는 것이다. 처음에는 말을 통해서가 아닐 수 있고, 몸짓이나 손짓을 통해, 혹은 단순히 하나의 다른 태도를 통해서 할 수 있다. 그러나 연결은 이루어질 수 있고, 그것은 관계에서 더 책임 있는 사람이 단순히 그 과정을 시작하는 것이 필요할 뿐이다.

과대기능자와 과소기능자 둘 다 대등한 자세를 더 추구할 수 있다. 과대기능자는 모든 해답을 안다는 것을 중지할 수 있고, 듣는 것보다 더 말하지 않을 수 있고, 또는 도움이 필요치 않은 곳에서 도우려 하지 않을 수 있다. 다른 한편으로, 과소기능자의 노력은 타인에게 자신이 더 진정한 자기로 현존하고, 자기 자신의 해답들을 생각하기 시작하고, 대화를 하고 자신을 위해 스스로 하는 것을 시작하는 것이다.

삼각관계를 만드는 사람 역시 선택의 여지가 있다. 자신이 불안을 삼자에게 전치시킨다는 사실을 알아차림으로써 한 개인은 초기의 일대일 관계에서 자신의 과제를 시작할 수 있다. 만약 한 사람이 직장으로부터 불안을 뿜어내면서 집으로 왔다면 전반부에 기술한 대로, 다른 '체계적 사고'는 그 불안을 자기 안에 그대로 취하지 않거나 평소보다 더 적게 취하는 대안이 있다는 것을 인식할 수 있다. 한 사람이 이러한 침착한 위치로부터 자신의 배우자와 연결을 유지함에 의해 상대는 침착하게 되기 시작할 것이다. 이러한 방법으로 불안은 가족의 다른 사람에게 옮겨지지 않게 된다. 물론 불안한 당사자 역시 자신의 불안을 처음의 자리에서 내뿜지 않고 처리하는 대안도 가지고 있다.

패턴들 중 어느 것이든 한 사람이 그 패턴 이면의 불안을 볼 수 있다면, 그리고 그 불안에 차분하게 대할 수 있다면 그 패턴은 문제가 되지 않을 것이다.

코칭에 있어서In Coaching

불안한 관계의 딜레마에 놓인 상황의 코칭에 있어서(흔히 다른 치료들에서는 "당신의 느낌들을 말해 보세요."라고 하는 긴장된 상황에서) 코치는 다음의 두 가지 매우 중요한 자원을 사용할 수 있다.

1. 코치의 침착한 현존
2. 제시되는 딜레마에 대한 가족체계 이론의 사용

그것들은 아무리 강조해도 지나치지 않다. 보웬 이론적 관점으로부터의 코칭은 가족이 참여하고 있는 정서적 과정의 패배적인 속성을 본다. 이 관점은 역시 지속적인 쏟아 내기의 무용성을 본다. 만약 가족이 긴장된 과정을 가라앉히기 시작할 수 있다면, 그들은 해결책을 향한 그들의 방법 생각하기를 시작할 수 있다. 치료사의 침착한 현존은 여기서 매우 중요한데, 침착함과 낙관적인 태도도 전염되기 때문이다. 치료사에게 임상적 상황은 하나의 정서적 장(field) 바깥에 머물면서 작업하는 또 하나의 기회이다.

코치가 제시한 상황들에 적용되는 보웬 이론의 아이디어들을 사용하는 것은, 그 사고들이 현재에만 유용한 것이 아니라 시간이 지남에 따라 사람들이 그것들의 유용성을 발견하여 그들 자신의 사고로 도입을 하게 된다. 사람들이 이론의 렌즈를 통해 자신과 자신의 관계체계를 보고 그들의 중요한 체계들에서 그들 자신을 변화시키기 위한 작업을 하면 그들은 실제로 그들의 기능하기를 증진시킬 수 있게 된다.

치료사가 각 개인이 자기 자신의 과제를 수행하는 것을 강조함에 따라 (물론 상대방은 만약 상담에 같이 왔다면 상대방의 말에 경청할 수 있겠지만) 그들은 점진적으로 그들이 만든 융합으로부터 작은 자기를 분리하는 것에 대해 배우기 시작할 것이다. 치료사는 각자의 경계선을 존중하는 회기를 위한 지침들을 펼쳐 놓는다. 그들은 상대방을 방해하거나, 비난하거나 무엇을 해야 할지를 말하는 것을 중단할 것을 요청받는다. 이러한 방법으로 그들은 평소에도 경계선을 지키는 것을 배우게 된다.

이론이 강조됨에 따라 사람들은 그것의 기초들을 배우고 그들의 실제 삶에 그것들을 사용하는 것을 배우게 된다. 상대적으로 보면 이것은 만약 사람들이 이론을 심각하게 간주한다면 그들의 융합들과 패턴들로부터 벗어나는 것을 성취할 수 있게 된다. 그렇게 함에 따라 관계들은 더 좋아지기 시작한다.

지도자들과 부모들Leaders and Parents

핵가족의 지도자인 부모는 지도자들을 위한 하나의 훌륭한 패러다임이다. 부모들과 지도자들이 그들의 체계들 안의 불안의 이동을 관찰하기 시작함에 따라, 그리고 그것을 더 적게 취할 수 있음에 따라, 그리고 다른 사람들에게 전파하는 것을 덜할 수 있음에 따라, 그 체계는 무거운 짐을 덜게 된다. 그들이 융합들과 그 결과로 취하는 자신들의 패턴을 더 잘 인식함에 따라 그 패턴을 덜 취하게 되는 점진적인 단계들을 볼 수 있게 될 것이다. 그러한 체계의 관계들은 보다 더 협력적으로 작동하기 시작하는데, 우선은 부모 자신들 사이에서 혹은 조직의 꼭대기에 있는 지도자들 가운데에서 시작할 것이다. 그러한 관계들이 증진되면 가족/조직 전체의 관계가 증진될 것이다. 이런 일이 일어나면 증상들은 줄어들게 되고, 가족 혹은 조직은 최상이 되어가기에 더 자유로워질 것이다.

2 자기분화의 척도

> "이 척도는 인간이 기능하기의 모든 수준들을 분류화하기 위한 노력의 일환이다. 이 척도는 한 가지 영역에서 가능한 한 가장 낮은 수준으로부터 가장 높은 수준으로 분류한다… 이 척도는 정서적 건강 혹은 질병 혹은 병리와는 아무 상관이 없다. 척도의 낮은 쪽에 해당하는 사람들이 아무 증상들 없이 정서적 평형 가운데 살아가기도 하고, 높은 쪽에 있는 사람들이 심한 스트레스 아래 증상들을 발전시키기도 한다. 하지만 척도에서 낮은 쪽에 해당하는 사람들이 스트레스에 더 취약하다… 척도는 지성이나 사회경제적 수준과는 상관관계가 없다… 미분화의 정도가 클수록 (no-self), 타인들과 하나의 공동 자기로 정서적 융합을 할 정도가 더 크다(미분화된 자아 덩어리). 융합은 개인적인, 또는 타인들과 나누는 관계의 상황에서 발생하고, 그 융합의 가장 높은 강도가 결혼이라는 정서적 상호 의존에서 최고조에 달한다."[1]
>
> Murray Bowen, 1972

연합성과 개별성, 분화와 미분화
Togetherness and Individuality, Differentiation and Undifferentiation

우리는 가족의 연합성 압력이 관계에서 융합을 어떻게 생성시키는지 알아보았는데, 그것은 곧 우리가 집단에서 자기를 거래하고 불안을 전달하는 것을 의미한다. 우리는 그러한 관계의 패턴들이나 자세들이 그 융합 혹은 연합성의 증상들임을 살펴보았다.

이제 우리의 눈길을 돌려 다른, 그리고 반대의 힘인 모든 개인들에게 나타나는 개별성의 압력에 대해 살펴보자. 이 힘은, "당신 자신이 되어라, 개인이 되어라. 집단에 꽉 사로잡히지 말라. 될 수 있는 최상의 당신이 되어라!"라고 말한다. 그 힘은 독특하게 인간인 우리의 부분에 용기를 준다. 어떤 사람은 그것을 한 사람의 정서적으로 성숙한 부분이라고 부를 수도 있다. 그것은 관계들에서 부분적으로 참여하지만 자기를 포기하지도, 떠안지도 않으면서 그렇게 한다. 관계들에서 이 부분의 자기는 타인들에게 자기를 소통 및 정의하고, 협력하기도 하고 협력하지 않기도 하는데, 모두 그것의 원칙들에게 지시를 받아서 그렇게 한다. 보웬 이론의 용어를 사용해 표현하면 그것은 우리로 하여금 더 분화된 자기가 되도록 한다.

비록 어떤 연구자들은 다른 종들에게서도 분화의 증거를 보고 있지만, 분화가 인간에게서 볼 수 있는 정도에 가깝게 발달된 것은 그 어느 종들에게서도 볼 수 없다.[2]

모든 보웬 이론의 여덟 가지 개념 중 일곱은 가족이나 집단의 특성을 묘사하는 것과 관련이 있다. 자기분화의 척도는 개인의 특성을 유일하게 깊이 있게 고려하는 개념이다. 만일 우리가 그 개념이 함축하고 있는 것을 중요한 노력으로 실행하려면 가능한 한 완전한 방법으로 이 개념을 파악하는 것이 근본적이다. 그 과제는 자기를 자신의 정서적 체계들로부터 분화하는 것인데, 이 분화는 삶에서 변화를 만들어 낸다.

하지만 이 개념은 가족이 정서적 단위라는 기본적인 아이디어로부터 비롯되었다. 각자가 지니는 개별성의 정도는 우리들의 가족 관계들에서 얼마나 우리가 융합되었는가/되어 있는가에 달려 있다. 그리고 분화(개별성)/미분화(연합성)의 균형에 있어서 개인들에 따라, 심지어 똑같은 가족에서조차 상당한 양의 차이가 있다.

자기분화의 개념이 발전되기 전에 '정서적 성숙'에 관한 아이디어가 있었다. 그러나 그것은 몇 가지 중요한 방법에 있어서 분화의 개념과는 다르다. 첫째, 정서적 성숙의 아이디어는 신체적 건강을 포함하지 않는다. 하지만 자기분화의 개념은 신체 건강을 포함하여 모든 삶의 적응을 포함하고, 따라서 척도에서 높은 쪽에 있으면 있을수록 신체적 건강도 더 좋다(물론 사회적 및 정서적 적응도).

둘째, 이전의 개인적 사고방식에서 정서적 성숙은 어느 정도 나이에 의해 정해졌다. 사람들은 일정한 나이 이후에는 심리치료에 의해 충분한 혜택을 받을 수 있는 변화를 만들기 힘들다고 믿었다. 하지만 자기분화의 척도는 모든 나이대에 도전을 주고, 생의 어떤 시점에서건 더 잘 기능한다는 것이 무엇인지를 자극하고 입증해 준다.

많은 아이디어들이 자기분화의 개념에 내포되어 있다는 것이 이제 명확해졌다. 이 아이디어들 중 아무것도 그 자체로 이해하기가 그렇게 어렵지 않다. 그러나 그 아이디어들을 단번에 함께 염두에 두려면 노력이 조금 요구된다.

자기분화의 척도 The Differentiation of Self Scale

어느 정도 다른 종들을 포함하여 인간들은 삶에 직면하는 모든 것에 적응하는 능력에 있어서 다양함을 보인다. 이 변수는 한 가상의 척도로서 묘사될 수 있다([보기 7] 참조). 척도의 낮은 쪽에서 사람들은 정서적으로 더 그들의 관계에 융합되어 있다. 그들은 또한 정서적(자동적) 기능하기와 지성적 기능하기의 사이에서 다른 유형의 융합에 대한 증거를 나타낸다. 그 정서적/지성적 융합은 한 사람이 성장해 온 관계융합들로부터 비롯된다. 그것이 작동하는 한 가지 방법은 우리가 관계의 융합들 속에서 더 작동하면 할수록 더 많은 불안의 짐이 지성적 기능하기에 영향을 미치게 된다는 것이다.

척도의 높은 쪽 끝에서 사람들은 관계들에 자신들을 덜 포기하게 된다(관계의 융합이 덜 이루어진다). 그들은 또한 자신들의 정서적 기능하기를 지성적 기능하기로부터 구분할 수 있는 능력을 지니게 된다. 그들이 사고하는 것을 느끼기로부터 분리할 수 있는

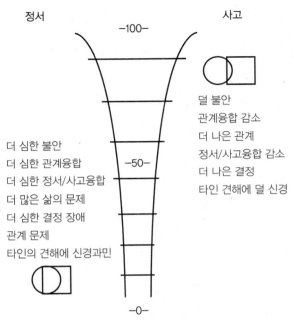

정서 사고

-100-

덜 불안
관계융합 감소
더 나은 관계
정서/사고융합 감소
더 나은 결정
타인 견해에 덜 신경

더 심한 불안
더 심한 관계융합
-50-
더 심한 정서/사고융합
더 많은 삶의 문제
더 심한 결정 장애
관계 문제
타인의 견해에 신경과민

-0-

[보기 7] 자기분화의 척도

능력을 더 지니게 되고, 주어진 그 순간에 가장 중요한 것을 선택할 수 있는 능력을 지니게 된다.

　정서적으로 우리는 다른 종들로부터 다르기보다는 더 유사하다. 지성적으로는 다른 종들로부터 우리는 다른데, 그것은 인간 두뇌의 대뇌피질의 크기가 훨씬 크기 때문이다.

　이론적으로 척도는 사람들을 자기분화의 가능한 가장 낮은 0과 가능한 가장 높은 수준인 100 사이의 스펙트럼에 등급을 매긴다.[3] 두 지점 모두 가상적이며, 100에 해당할 만큼 좋거나

0에 해당할 만큼 나쁜 사람은 아무도 존재하지 않는다. 사람들은 실제로 이 둘 사이의 어떤 지점들에서 살아간다. 인구 대부분은 30 이하에 흩어져 있다. 만약 어떤 사람이 50에 해당한다면 흔치 않은 경우이다. 75는 몇 백 년에 오직 한 번씩 나타나는 사람에 해당한다.

가장 낮은 수준들Lowest Levels

가장 낮은 수준들에서는 사람들 안에 보다 더 많은 주변 불안이 존재하여 이것이 더 많은 삶의 문제들, 경솔한 결정들, 그리고 더 많은 관계의 문제를 일으킨다. 낮은 수준의 사람들은 관계들에 더 많이 융합한다. 곧 그들은 관계들에서 더 많은 자기를 포기하고(상실) 취하게(얻게) 된다. 관계들에서 이러한 융합들은 지난 장에서 묘사한 패턴들과 자세들을 일으키게 하는 것들이다. 융합은 그 자체로 불안을 일으킨다. 융합이 연합성의 '필요들'을 해결하기는 하나—타인과 연합하려는 개인 안의 내재된 동력—그것은 둘이 하나의 공동자기를 만들려는 노력이고[4] 또한 불안을 일으킨다. 그 이유로 자기 자신의 한 부분을 포기하는 것은 불편한 것이고, 또한 누군가의 한 부분을 취하는 것 역시 불편한 것이다. 이 불편함은 그들의 주변 불안의 일부분이다.

보웬은 척도의 하위 끝을 다음과 같이 기술했다.

"…척도의 낮은 쪽 사람들은 스트레스에 더 취약하고, 증상들로 부터 회복이 늦거나 불가능한 한편, 높은 쪽의 사람들은 신속히 회복한다."[5]

"낮은 쪽 중간 이하에 해당하는 사람들은 '느낌'에 지배되는 세상에서 살아서 대부분의 시간에 그들의 감정들과 주관성이 객관적인 이성적 과정 위에서 지배한다. 그들은 사실과 느낌을 구분하지 않고, 주요 인생의 결정들을 옳다고 '느끼는' 것에 기초하여 내린다. 우선적인 생의 목적들은 사랑, 행복, 평안함 그리고 안정 주위로 향해져 있다. 이러한 목적들은 타인들과의 관계들이 평형 상태에 있을 때 실현되기가 가장 쉽다. 대단히 많은 삶의 에너지를 사랑과 인정을 구하는 데, 혹은 그것을 제공해 주지 못하는 상대를 공격하는 데 쏟는다. 그래서 자기가 스스로 결정하고 목적을 정한 활동에 쏟을 에너지가 거의 남아 있지 않게 된다. 그들은 '진실'과 '사실'을 구분하지 않고, 내면의 느끼는 상태를 진리의 가능한 가장 정확한 표현으로 간주한다. 신실한 사람이란 느낌의 과정을 자유롭게 소통할 수 있는 사람으로 간주된다. 중요한 삶의 한 원칙은 사랑, 관심, 그리고 인정을 '주고받는' 것이다. 관계체계가 평안한 균형 상태에 있는 한에 있어서는 삶이 증상 없이 적응을 유지할 수 있다. 관계체계의 만성적인 격동은 역기능으로 이어지고, 신체적, 정서적 질병, 그리고 사회적 역기능을 포함한 인간 문제들로 이어질 가능성이 높다."[6]

649

2 자기분화의 척도

이 기술은 척도의 낮은 쪽 끝에서 발견할 수 있는 두 종류의 융합인 관계의 융합과 정서적/지성적 융합을 분명하게 나타내어 준다. 낮은 쪽 끝의 사람들은 그들이 빌리고 빌려주는 데에만 참여하는 것이 아니라, 그들의 불안의 정도가 자기의 사고하는 부분과 느끼는 부분 사이의 융합으로 귀결된다. 그것은 사고하기가 정서로 '범람되어' 생각을 신뢰할 수 없게 만들고, 치우치게 만들고, 객관적 사실보다는 주관적 사실에 기초하게 만들기 때문이다.

높은 수준의 기능하기High Level Functioning

척도의 더 높은 쪽으로 가면 이 모든 것이 점진적으로 반전된다. 그러므로 높은 수준에서는 관계융합이 해소되어 관계가 더 잘 기능하게 된다. 삶의 문제가 줄어들게 되는데, 이는 사람들이 관계의 어려움들을 덜 겪게 되고 결정들을 느낌보다는 사실에 기초하여 내리기 때문에 더 좋은 장기적 결과들을 도출해 내기 때문이다. 따라서 관계들에서 자기들을 더 잘 구분할수록 (융합들로부터 더 많이 벗어나면) 관계들은 더 잘 작동하고, 사람들은 일상에서 더 좋게 느끼게 된다. 한 사람이 사고하기와 느끼기를 더 잘 구분할 수 있으면, 즉 자신이 생각을 따를 것인지 감정을 따를 것인지에 대해 선택의 여지를 가질 수 있게 되면, 어떤 것들이 진정으로 어떠한 상태인지에 대해 보다 신뢰할 만하고 정확한 인식을 가지게 되고, 결정들과 계획은 원하는 결과들을 더 도출해 낼 것이다.

융합들 그 자체가 분화와 미분화를 측정하는 기초가 된다. 한 사람이 관계들에 더 융합하면 그 사람은 더 미분화된 것이다. 한 사람이 관계의 융합들로부터 더 분리할수록 (지속적인 노력으로) 분화는 더 성취된다. 이 관계의 융합들은 역시 사고하기/느끼기 융합에 만약 책임이 없다면 연관이 되어 있다고 전제된다. 이제 왜 어려운 '분화'와 '미분화'라는 용어가 선정되었는지가 분명해진다. 그 용어들은 상황을 완벽하게 묘사해 준다.

삶이 기능하고 있다는 것을 평가하는 몇 가지 표시들은 다음과 같다.

- 건강(신체적, 정서적 그리고 사회적)
- 수명
- 생식질서
- 목적들에 도달하는 능력
- 관계의 성공
- '성공(경제적 혹은 사회적 공헌 면에서)'
- 교육적 성취

이러한 표시들 중 아무것도 그 한 가지 만으로는 중요한 의미를 가질 수 없겠으나 이것들은 다소 쉽게 얻을 수 있는 사실들에 기초하는 것들이고, 이것들은 함께 척도에서 높은 수준 혹은 낮은 수준에서 살아온 삶의 한 그림을 나타내어 준다. 이러한 것들은 사람들이 그들의 세대들의 기능하기에 대한 그림을 볼 수 있기 위해 가계도에 표시하는 사실들이다.

보웬이 말했듯이 분화의 수준을 측정하는 것은 불가능한데, 그 이유는 낮은 척도의 사람들은 유사자기의 기능 수준이 폭넓은 변화를 보이기 때문이다. 칭찬이 기능하기를 올릴 수 있고, 비난이 그것을 낮출 수 있다.[7] 그 현상 때문에 분화는 평생의 기간에 근거하여 측정될 수 있을 것이다.

사람들이 중요한 타인들과 정서적 융합을 더 적게 하여 작동함에 따라 융합된 조건에 의해 생성되는 관계의 불안으로부터 자유롭게 되고, 그들은 그들의 관계들이 그 어느 때보다 더 잘 기능한다고 보고한다. 그것은 그들이 정서적 혹은 자동적 행동으로부터 자유롭기 때문이 아니라(자유로운 사람이 누군가?) 그들이 무엇을 언제 느끼고, 생각하고, 행할지에 대한 더 나은 선택을 가지게 되기 때문이다. 이 모든 것은 그들의 관계들을 놀랍게 증진시키게 된다.

융합이라는 아이디어는 분화라는 개념이 그것에 기초하여 발전했으므로 좀 더 구체적으로 살펴 볼 필요가 있다.

관계의 융합들Relationship Fusions

관계의 융합들은 서로가 자기들을 포기하기 그리고/혹은 취하기—교환—로부터 일어나는데, 이 현상은 사람들이 서로에게 중요한 사람이 될 때 일어나게 된다. 관계들은 척도의 낮은 쪽 끝에서 더 융합되고 올라갈수록 덜 융합된다. 또한 불안은 서로 간의 융합들에서 개인들 사이에서 다른 사람들과의 관계에서보다 더 쉽게 전달된다. 소들을 기억하는가? 불안은 상대적으로 그 울타리 안에, 즉 특정 무리 안에 머물렀다. 그 이유는 그 무리 안에 개인들이 함께 시간을 보냄에 의해 서로에게 중요하게 되었고, 그로 인해 한 정서적 단위의 부분들이 되었기 때문이다.

융합 관계에 놓인 사람들은 서로 간에 불안을 쉽게 전달하는 것 외에도 다른 사람에게는 보이지 않는 정서적 수준과 반동적 방법으로 서로를 대한다. 불안이 고조되면 그들은 관계의 패턴들에 참여한다. 우리는 사실이나 주제의 논리적 내용에 기초하기보다는 단지 우리가 속한 관계의 융합 때문에 누군가에게 반동적으로 동의하거나 반대하는 자신을 발견할 수 있다.

이 현상은 한 사람으로 하여금 집단 사고에 취약하게 만드는데, 이는 어떤 주제에 관해 그가 가지고 있는 어떤 원칙, 논리적 혹은 본래의 사고에 기초하기보다는 오로지 관계적 이유에 기초해 집단과 동조를 한다. 혹은 집단 사고에 반동적이 될 수도 있는데, 그렇게 함으로써 한 사람은 어떤 이슈에 대해 숙고하지 않았음에도 불구하고 반동적으로 반대를 할 수도 있는 것이다.

한 사람의 융합—능력이 어떻게 발달될까? 이론적으로 우리

상위 수준

중간 수준

하위 수준

[보기 8] 관계의 융합들

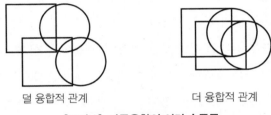

덜 융합적 관계

더 융합적 관계

[보기 9] 가족융합의 여러 수준들

는 우리가 평생 지니고 갈 어떠한 정도든지 그 융합 능력(미분화)을 우리의 원가족들로부터 가지고 온다([보기 8과 9] 참조).

가족 연합성 Family Togetherness

우리가 성장해 온 가족 안에서는 다소의 연합성을 향한 요구가 있다. 척도의 낮은 쪽 가족들은 더 많은 연합성에 걸리게 되고, 보다 높은 불안 수준을 더 많은 시간 지니게 되고, 자율적인 개인들로서 그들의 구성원들과 편안함을 덜 경험한다. 그들은 관계적으로 구성원들에게 너무 많이 요구하여 그 외의 나머지 삶의 도전들을 처리하거나 자기 자신들을 위해 기여할 것을 거의 남겨 두지 못한다. 인간 기능하기의 가장 낮은 수준의 거의 대부분이 할 수 있는 것은 하루하루를 통과하려고 노력하는 것이다. 이러한 가족들의 부모-자녀 관계들은 과도한 초점을 맞추게 되기 쉽고, 만약 그 가족이 '압도되었을 경우'에는 누군가를 방관하기 쉽다. 둘 중 어떤 상황이든 후손들은 여러 종류의 증상을 발전시킬 수 있고, 경계선이 부족해질 수 있고, 아프게 될 수 있고, 그리고/혹은 사회의 규범들 안에서 조화를 이루기가 불가능함을 나타낼 수 있다.

다른 한편, 척도의 높은 쪽 가족들은 자율성을 증진하고, 개인들로서의 그들의 자녀들과 불안을 덜 느낄 수 있고, 그들의 질문, 탐색, 창의적 모험 그리고 일반적으로 변화에 대해 불안을 덜 경험한다. 자녀들은 그들의 현실적 필요들에 대해 충분한 보호를 받게 되는데, 너무 많이도 너무 적지도 않은 초점을 받게 된다. 결과적으로 그들은 가족에게 정서적으로 덜 융합하게 나타나고, 한 자기가 될 자유를 더 경험하게 된다. (부분적으로 그것은 그들의 체계들과 독립적으로 그들이 생각하는 것을 알 수 있는 자유를 더 경험하게 됨을 의미한다.) 이것은 그들이 집단의 정서적 요구에 얽매이는 대신 자신들을 위해 필요한 자기를 더 가진 성인으로 도달하게 됨을

055

2 자기분화의 척도

의미한다. 그들은 더 많은 삶의 에너지를 비교적 불안으로부터 벗어나 삶의 도전들을 다루고, 목적을 달성하고, 그들 자신의 핵가족 단위를 만드는 데 사용할 수 있다.

척도의 양극단은 극단 사이의 척도에서 많은 수준들을 규정하지는 않지만, 모든 그러한 뉘앙스들이 존재한다는 것을 이해할 수 있게 보여 주며, 실제로 척도는 한 스펙트럼이다.

자기의 분화에 있어서 변수들이 어떻게 보이고 나타나는가를 이해함으로써 우리는 자기의 이론적 구성의 한 가지 예를 보게 되는 위치에 있다.

자기의 구성 요소들Components of the Self

개인들에게서 차이점들을 보는 또 다른 하나의 유용한 방법은 보웬 이론에 기초하여 캐트린 커(Kathleen Kerr)가 개발한 다이어그램의 형태에서 볼 수 있다. 이 다이어그램은 우리 모두 안에 존재하는 분화/미분화를 쉽게 가시화하게 한다([보기 10] 참조).[8]

이 다이어그램은 네 가지 주요 구성 요소로 이루어져 있는데, 모든 것은 긴밀히 연결되어 있다.

- 유사−혹은 기능적 자기
- 기본적 혹은 견고한 자기

[보기 10] 기본자기와 유사자기

- 각 자기 주위의 경계선들
- 각 자기의 안내 원칙들(대개 다이어그램화되어 있지는 않지만 중요하다.)

유사자기Pseudo-self

보웬은 유사자기를 이러한 방법으로 묘사한다.

"관계체계의 영향 아래에서 습득된 유사자기는 관계체계에서 협

상이 가능하다."[9]

유사—혹은 기능적 자기는 우리들 대부분이 사는 곳과 대부
분의 시간에 나타난다. 그것은 융합들에 관여된 관계 교환에 참

여하는 부분이다. 그것은 우리 안에 있는 미성숙하고 자동적이며 생각 없이 하는 반동이다. 그것은 체계로부터 불안을 들어오게 하고, 타인으로부터 빌린 자기에 기초하여 기능하고, 혹은 반대로 자신의 자기를 타인에게 즉시 내어 준다. 그것은 우리 내부의 연합성의 세력이다.

그 안에 그것을 어느 정도 안내하는 검증되지 않은 지침들이 있는데, 그것들은 흔히 사람의 문화, 가족 혹은 친구들로부터 습득된다. 이러한 것들의 몇 예로서 인종차별적 정형화, 정치적 입장의 맹목적 수용, 혹은 심사숙고하지 않은 종교적 신념을 들수 있다. 보웬은 그 지침에 대해 다음과 같이 기술했다.

> "[그것은]… 널리 퍼져 있는 정서에서 관계체계를 통해 습득된 이종의 사실들(heterogeneous facts), 신념들 그리고 원칙들의 한 덩어리로 구성되어 있다. 이것들은 한 사람이 그것들을 당연히 알아야 할 것으로 기대되기 때문에 학습한 사실들, 타인들과의 관계에서 자신의 위치를 증진하기 위해서 받아들였거나 타인들로부터 빌린 신념들을 포함한다."[10]

그러나 이러한 것들의 다수는 인식의 영역 밖일 뿐만 아니라 원칙들로 간주되기도 쉽지 않다. 그러면 역시 유사자기에게 가장 중요한 지침적 '영향력'은 단순히 관계체계 그 자체인데, 그 관계체계는 포함되거나, 좋아함을 받거나, 혹은 '팀플레이어'가

되도록 압력을 가한다. 체계가 가면 자기도 간다. 그것은 숙고하지 않는 협동적, '집단 사고'의 태도를 채택할 수 있다. 하지만 반대로 그것은 그 위치에서 고유의 자기를 빌려주는 것에 반동할 수 있고, 그래서 집단에 반하는 입장을 자동적으로 채택할 수 있다.

척도의 아래쪽일수록 자기는 더 유사자기 혹은 미분화된 자기로 구성될 것이다. 높은 쪽일수록 유사자기는 더 작아지게 될 것이다.

기본적 자기Basic Self

자기의 분화된 부분―기본적 자기(견고한 자기)―은 유사자기와 경쟁하여 연합성에 대항하고 개별성을 추구하는 부분이다. 우리 안에 있는 최상이다. 그것은 지속적으로 우리를 자극하여 더 잘 하도록 나아가게 하는 것이다.

Bowen의 말을 들어 보자.

"기본적 자기는 다음과 같은 '나 입장' 의 자세의 예가 보여 주듯 명확한 성질이다. '이것들은 나의 신념들과 확신들이다. 이것이 내가 무엇인 것이고, 내가 누구인 것이고, 내가 무엇을 할 것이고, 혹은 내가 무엇을 하지 않을 것'이다."[11]

기본적 자기는 관계들에서 자기를 빌리거나 잃어버리는 데 참여하지 않는다.

기본적 자기는 객관적 입장을 유지하는데, 결정과 판단을 사실에 기초해서 한다.

기본적 자기는 항상 유사자기에 대해 반대 비율로 나타나는데, 척도에서 높은 수준들에서 크게, 낮은 수준들에서는 더 작게 나타난다.

기본적 자기는 논리와 사실에 기초하고 심사숙고하여 한 사람이 할 수 있는 가장 최상의 생각을 통해 도달한 원칙들에 의해 안내된다. 그것은 집단 혹은 관계 압력에 종속되지 않는다. Martin Luther의 유명한 진술, "나는 여기 선다!"는 안내 원칙들이 어떻게 기본적 자기를 지시하게 작동하는지를 나타내는 본보기이다.

기본적 자기의 안내 원칙들은 많은 시간을 거쳐 생활의 중요한 순간들에서 실제로 그것들이 얼마나 믿을 만한지 알 수 있게 검증된 것들이다.

이러한 안내 원칙들은 정서적 압력에 취약하지는 않지만 경직되지는 않다. 그것들은 새로운 데이터가 있게 되면 변화시키는 것이 가능하다.

원칙에 안내된 삶은(원칙에 안내되는 부모, 리더 그리고 치료사들) 관계 압력들에 의해 안내되는 삶과는 매우 다를 것이다. 슬프게도, 오늘날 원칙에 의해 안내되는 공적 혹은 어떤 형태의 지도자들을

보웬 이론의 여덟 가지 개념

보는 것은 쉽지 않다.

경계선들Boundaries

유사자기의 경계선들은 침투적이라고 묘사될 수 있다. 자기와 불안은 그 경계선들을 쉽게 침투한다. 척도의 높은 쪽에 있는 사람일수록 유사자기의 경계선들이 덜 침투적이다. 척도의 낮은 쪽 사람일수록 그 경계선들은 더 침투적이다([보기 11] 참조).

다른 한편, 기본적 자기의 경계선들은 침투적이지 않은데, 그것은 자기의 기본적 혹은 견고한 부분이 관계들에서 자기 혹은 불안의 교환에 참여하지 않기 때문이다. 기본적 자기는 타인의

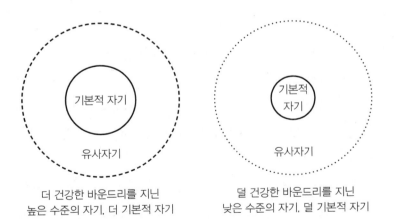

| 더 건강한 바운드리를 지닌
높은 수준의 자기, 더 기본적 자기 | 덜 건강한 바운드리를 지닌
낮은 수준의 자기, 덜 기본적 자기 |

[보기 11] 낮은 수준의 자기와 높은 수준의 자기

정서를 선택에 의해 취할 수 있다. 그것은 자동적인 반응이 아니다.

안내 원칙들Guiding principles

안내 지침들은 중요하기 때문에 다른 유형들을 요약하고 대조해 볼 필요가 있다. 유사자기와 기본적 자기 둘 다 지침을 가지고 있지만, 오직 기본적 자기만이 사람의 인식하에 실제적 심사숙고의 원칙들에 의해 안내된다. 유사자기의 안내 지침들은 문화, 부모 그리고 다른 중요한 체계들로부터 흡수한 것이다. 그것들은 검증되지 않고 대개 인식되지 않기 때문에 어떤 사람은 무엇이 자기를 안내하고 있는지를 깨닫지 못한다. 대개 그것은 단순히 그가 한 부분으로 속해 있는 어떤 체계든지 그 안에서 지각된 그리고/혹은 실제적 관계 압력들이다.

다른 한편, 기본적 자기의 원칙들은 잘 숙고하여 장시간에 걸쳐 삶에서 검증되고, 기본적 원칙들로 채택되기 전에 재검증된다. 원칙에 의해 안내되는 삶은 체계 혹은 관계에 의해 안내되는 삶과는 매우 다르다.

분화의 수준에 따라 얼마나 많은 사람들이 그들의 원칙에 의해 안내되는지, 그리고 얼마나 많은 사람들이 그들의 체계에 의해 안내되는지를 보여 주는 스펙트럼이 있다.

그들의 원칙들에 의해 안내되는 사람들의 몇 가지 보기가 마지막 장에 묘사될 것이다.

자기를 분화하기Differentiating a Self

보웬 가족체계 이론에 대한 지식은 자기의 분화를 높은 수준으로 올리려는 노력에 매우 유익하다. 우리는 이론을 잘 이해할수록 그것을 더 활용할 수 있고 그것이 삶에 대한 사고의 한 방법이 더 될 수 있다. 이론을 잘 이해하는 것을 대체할 수 있는 것은 없다.

기본적 자기를 더 증가시키고, 유사자기로 사는 것을 줄이도록 작업하는 여러 방법들은 풍부한 보웬 이론 개념들로부터 나온다.

물론 이것들 중 최우선은 자신의 가족으로 돌아가 거기서 자기에 대한 작업을 하는 것이다. 관계 혹은 성격의 어려움들을 변화시키는 가장 효과적인 장소는 그것들이 처음 발전된 체계 안이다. 이론에 익숙한 누군가의 코치를 받는 것은 이러한 노력에 필수적이다.

관계의 곤경에서 불안은 매우 크게 나타나기 때문에 많은 사람들은 이완 훈련, 바이오피드백, 혹은 여러 종류의 스트레스 관리 기술들 같은 방법들에 의해 불안을 조절하는 작업을 위한

063

노력을 더한다.

한 사람이 자신의 가족에서 자기에 관한 작업을 함을 통해 배운 모든 것은 그 사람의 핵가족, 직장, 대학교, 병원 혹은 교회 등 어떤 체계에서든지 적용할 수 있다.

리더십Leadership

이러한 아이디어들로부터 우리는 높은 수준 혹은 낮은 수준의 지도자(혹은 부모들)와 같은 것이 있음을 분명히 알 수 있다. 높은 수준의 지도자들은 다음과 같다.

- 그들의 원칙들에 따라 인도한다(그러나 그 원칙들을 가지고 사람들의 머리를 내려치지는 않는다).
- 사실들에 기반 두기를 유지하고 생각해 낸다.
- 체계 안의 적합한 사람과 좋은 접촉을 유지한다.

관계의 불안으로부터 더 자유로울수록 이 지도자 혹은 부모는 좋은 결정을 내릴 수 있다.

우리가 체계적으로 생각하고 정서적 과정을 보게 되면 체계에서 자신의 장소를 더 객관적으로 볼 수 있게 된다. 대개 한 사람이 접촉을 끊지 않고, 이러한 방법으로 자신에 대해 작업을 하는 사람에 대해서는 체계가 고맙게 여기게 될 것이다.

코칭Coaching

보웬 이론에 기초한 코칭의 목적은 자기의 분화이다. 이것은 대개 증상 제거가 주 임무인 대부분의 다른 치료들과 매우 다르다. 그러나 사람들이 분화의 작업을 함에 따라 증상들이 사라지게 되는 것을 보는 것은 흥미롭고 고무적인 일일 것이다. 사람들이 보다 성숙한 수준으로 나아가기 위해 작업함에 따라, 그들은 대부분의 증상의 기반에 있는 불안을 덜 지니게 된다. 그들은 인간의 곤경들에 관한 이슈들에 대해 더 좋은 결정들을 내리게 된다. 그들은 관계들과 관계체계들에서 더 효과적이게 된다.

코칭이나 심리치료에서 만약 한 사람이 자기의 분화에 대한 작업을 하면 내담자들에게 달리 관계하게 될 것이다. 정서적 패턴 대신 원칙에 입각하여 관계하고, 가능할 때는 언제든지 보웬 이론의 기본적인 이론을 사람들에게 소개하는 것은 매우 유익하다. 자기분화의 척도에서 그들은 다른 종류의 치료에서 받지 않았던 방법으로 도전을 받을 것이다. 그들은 문화적, 관계적 그리고 다른 삶의 곤경에 접근하는 새로운 방법들을 보게 될 것이다. 이러한 관점들을 통해 그들은 코칭에 대해 고마워할 것이다.

코치들이 보웬 이론의 원칙에 따라 코칭을 시작하기 위해서는 그들 자신이 코칭을 받는 경험이 필연적일 것이다. 교육적 학습 및 독서를 통해 이론을 습득하는 것도 물론 병행되어야 할 것이다.

우리들 대부분은 비록 이론적 기반이 잘 잡혔을지라도, 오랜 기간에 걸쳐 다른 체계 이론가들에게 노출되는 기회들을 만드는 것의 유익을 발견하게 될 것이다.

3

삼각화

"이 이론은 세 명의 정서적 구성인 삼각관계는 가족 안에서든지 혹은 다른 집단 안에서든지 한 정서체계의 가장 기초적인 구성 요소임을 설명한다. 삼각관계는 최소의 안정적인 관계체계이다. 두 사람 체계는 그것이 평온한 상태가 유지되는 한에 있어서는 안정적일 수 있지만, 불안이 증가되면 즉시 가장 취약한 타인을 끌어들여 삼각관계를 이룬다. 삼각관계에서 긴장이 세 사람 모두에게 너무 높으면 그 삼각관계는 또 다른 사람들을 끌어들여 연동적인 삼각형들의 시리즈를 만든다."[1]

Murray Bowen, 1976

삼각관계는 또 하나의 매우 중요한 개념이다. 이 때문에 보웬 이론에서 다섯 번이나 나타난다. 삼각관계는 일상생활에서뿐만 아니라 이론에서도 편재해 있다. 우리는 가족이나 기관을 생각해 볼 때 삼각관계가 계속 반복하여 나타나고, 정서적 체계의 최소의 안정적 단위로서 그 위에 사회 자체가 세워지는 기초 요소임을 알게 된다.

삼각관계는 복잡하여 두 사람 관계보다 이해하는 것이 더 어렵다. 좀 더 많은 자료들을 염두에 두어야 한다. 더욱이 삼각관계는 계속해서 여러 방법들로 '점화'를 하기 때문에 무슨 일이 진행되고 있는지 한 사람이 이해했다고 생각하자마자 그 삼각관계는 변할 수 있다.

이 모든 것의 시작은 우리 자신들의 가족 안에서 첫날부터 이루어진다. 우리 모두는 삼각관계의 반복과 누적을 경험한다. 이러한 개인적 경험을 바탕으로 우리가 만약 한 발짝 물러나 잘 살펴보고, 우리가 본 것을 생각해 보면 삼각관계들은 잘 이해할 수 있게 된다.

어떤 규모든 한 집단 안에서 모든 구성원들 가운데 그려질 수 있는 가능한 삼각관계의 수는 놀라울 정도로 많을 수 있다. 우리는 삼각관계의 개념이 제공하는 혜택 없이는 가족, 혹은 확실히는 더 큰 기관들과 같은 체계를 이해한다는 것이 불가능하다. 그래서 이 개념을 이해할 필요가 있다.

다른 개념들처럼 삼각관계 개념은 '핵가족 정서체계' 개념으로부터 발전되었다. 이 개념은 초기에 '아이초점'의 형태로 개념화되었다. 아이초점은 한 정서체계 안에서 가장 단순하고 명료한 삼각화의 예임은 의심의 여지가 없다.

아이초점 삼각관계The Child Focus Triangle

한 부모가 불안해졌다. 다른 부모는 그 불안을 흡수한다. 아이는 불안을 흡수한 부모를 가까이함으로써 그 불안을 흡수한다. 이와 같은 일은 한 가족 안에서 하루에도 몇 차례나 일어난다. 그러나 그것이 패턴이 되면 가족은 불안한 아이를 만들고만다. 만약 불안이 충분히 오래 지속되면 아이가 증상을 발전시킬 것이다. 그 증상은 부모들에게 더 많은 불안을 야기하게 될 것이고, 그 아이의 불안의 짐은 더 가중되고, 그 현상이 계속될 것이다. 시간이 지남에 따라 문제와 불안은 고조된다. 이와 같은 원래의 삼각관계는 종종 삼각관계들의 개념의 이론적 틀로 기억하는 데 유익하다([보기 12] 참조).

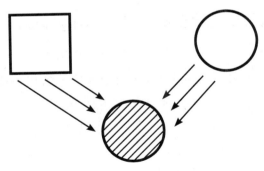

[보기 12] 삼각관계 만들기

다른 종들의 삼각관계들Triangles in Other Species

삼각관계들은 자연의 세계에서 쉽게 찾아볼 수 있다. 가장 극적인 예의 하나로, 네덜란드의 생물학자 프란스 드발(Frans dewaal)의 '침팬지 정치학'에서 볼 수 있다. 이에 따르면, 권좌를 차지하고 있는 예로엔(Yeroen)을 폐위시키기 위해 루잇(Luit)과 닉키(Nikki)가 연합을 한다.[2] 또 드발의 '영장류의 평화 만들기'에서 마마(Mama)는 평화를 만드는 능력이 있음이 밝혀졌다. 그녀는 싸움을 멈추게 하기 위해 싸우는 두 녀석들을 한 마리씩 자기의 팔에 끌어안는다. 결국 그들은 침팬지 버전의 '입맞춤과 화해'를 한다.[3]

가족 안에서 삼각관계들Triangles in the Family

우리 모두는 가족 안의 삼각관계에 살아가고, 그것에 기초하여 삼각관계들을 이해할 수 있다. 삼각관계는 어디에나 존재한다. 그것은 선악의 문제가 아니다. 인간관계의 다른 패턴들처럼 그것들은 그저 존재한다. 그것들은 자동적이고, 전체 그림의 한 부분과 같다. 우리가 삼각관계에 놓여 있는지의 여부가 문제가 아니다. 불안이 조금만 고조되어도 우리는 항상 삼각관계 안에 놓이게 된다. 체계가 평온할 때도 그것들은 어두움 속에 있어 보이지 않지만, 불안이 다시 고조되면 숨어 있다가 올라온다.

보웬은 다음과 같이 말했다.

> "세 사람 체계는 하나의 삼각관계이고, 네 사람 체계는 네 개의 일차적 삼각관계들이고, 다섯 사람 체계는 아홉 가지의 일차적 삼각관계들이다. 이 진행은 한 체계가 커질수록 급진적으로 증가한다. 게다가 하나의 정서적 문제에 대해 형성된 삼각관계의 한쪽 코너를 향해 두 사람 혹은 그 이상이 함께 연대할 때 생기는 이차적 삼각관계가 다양하게 생긴다. 물론 그 구성은 다른 문제에 따라 전환된다."[4]

두 사람이 불안해지면 삼자를 끌어들여 삼각관계를 만든다. 회의에서 이런 현상의 자동성(automaticity)을 알아차려 본 적 있는가? 회의장에서 누군가와 격렬한 논쟁이 진행되고 있는 가운데 저자는 자주 궁금해한다. "다른 사람이 가담하는 데 얼마나 걸릴까?" 대개 그 생각을 하자마자 바로 그 일이 일어난다. 긴장이 고조된 두 사람은 다른 사람을 끌어들이려는 충동에 저항할 수 없다. 다른 한편, 아무도 고조되어 있는 두 사람에게 참여하려는 충동에 저항할 수 없다. 그것은 자동적이다. 그것이 인간적인 것이다.

보웬이 말하길,

"…평온한 기간에는 삼각관계가 편안하게 가까운 두 사람과 덜 편안한 아웃사이더로 이루어진다. 편안한 두 사람은 일체성을 유지하기 위해 노력하는데, 한 사람이 불편해져 다른 곳에서 더 나은 일체성을 형성하지 않도록 하기 위해 그렇게 한다. 아웃사이더는 두 사람 중에 한 사람과 일체성을 형성하기를 모색하는데, 이것을 성취하기 위해 움직이는 방법은 수없이 많다. 삼각관계 안의 정서적 힘은 심지어 평온한 기간에도 매 순간 지속적 활동 상태에 있다. 두 사람 안의 약간의 긴장 상태는 한 사람에 의해 특별하게 느껴지게 되고, 상대방은 감지하지 못할 수 있다. 대개 불편한 사람이 자신을 위해 보다 편안한 일체성을 위해 새로운 평형을 회복하려고 시도한다. 스트레스의 기간에는 아웃사이더의 위치가 가장 편안하고, 따라서 그 위치를 원하게 된다."[5]

삼각관계에서 아웃사이더가 다른 사람과 일체성을 형성하기 위해 사용하는 수없이 많은 방법은 무엇일까? 험담은 사람들이 가장 선호하는 방법이다. 이것은 소문이 사실인 것처럼 조장하는 것과 슬쩍 끼어드는 방법과 함께 사용된다.

누구든지 불안이 고조될 때, 고조된 불안의 외부에 있어도 '소외감'을 느끼지 않으면서 그 불안의 한가운데 있고자 하는 충동에 저항할 것을 스스로에게 상기시켜 주는 것은 유익하다. 사실상 그 외부의 위치가 더 바람직하다. 우리는 삼각관계의 좀 더 외부에서 안을 관찰하면 좀 더 많이 배울 수 있다. 그것은 한 사람의 기능하기 수준을 테스트하는 것으로 보일 수 있다.

삼각관계들은 그 위에 또 다른 삼각관계들을 만들고, 다른 삼
각관계들과 내연을 이루고, 그러고 난 다음 양극화되어서 전체
의 확대가족 혹은 큰 기관들이 어떤 쟁점이 되는 문제들을 놓고
편들기에 개입될 수 있다. 흥미롭게도 경험이 보여 주는 것은
'문제' 자체가 좀처럼 불안을 촉발하지 않는다는 것이다. 불안
촉발제의 진짜 요인이 발견되어 적절히 다루어지면, 흔히 가족
이나 조직의 위기는 끝이 난다([보기 13] 참조).

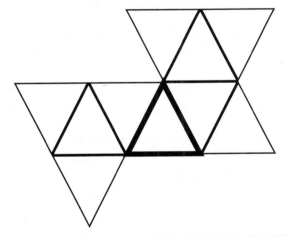

073

[보기 13] 서로 연동하고 탈삼각화하여 양극화하는 삼각관계들

삼각관계의 전재적(ubiquitous) 속성을 감안할 때, '탈삼각화하
기'와 같은 것은 가장 상대적 의미에서의 경우를 제외하고는 없

다는 것이 명백해진다. 하지만 상대적 의미에서 중요한 것은 고조된 삼각관계의 한가운데서도 더 '외부'의 위치에 서려는, 그래서 더 침착해지려고 힘쓰는 노력을 하는 것이다. 즉, 관찰자가 되는 것이다. 관찰하려는 태도에서 사람은 정서적으로 더 침착해지게 되고, 좀 더 객관적으로 생각할 수 있게 된다. 이것은 어려운 작업이지만, 보다 나은 수준의 분화를 성취하려는 개인과 모든 집단을 위해 매우 유익하다. 물론 한 사람이 이러한 방법으로 노력하면 집단 전체에게 유익을 줄 수 있다.

정서적 긴장이 고조된 어떤 상황에서 "삼각관계가 어디에 있을까?"라고 질문해 보는 것은 매우 유익하다. 성찰을 통해 사람들은 대개 명료하게 알게 된다. 후속 작업이 쉽지 않겠지만 동물적 속성을 이해하는 것이 덜 복잡해 보일 것이다.

자신이 개입된 삼각관계를 일단 알게 되고, 관찰을 하게 되고, 비교적 차분하고 객관적이 되면, 그다음은 어떻게 해야 할까? 어떤 행동을 취해야 할까? 몇 가지 요점을 정리해 보면 다음과 같다.

- 차분한 생각과 정서적 중립성으로 삼각관계의 두 각에 있는 각 사람과 접촉을 유지하라.
- 두 사람을 함께 당신의 사고하기에 포함시키고 "나는 당신 둘이 이 문제를 해결할 수 있다는 것을 압니다."라고 말하라.

• 긴장이 고조된 상황에서는 아웃사이더 위치를 취하는 것
  이 바람직함을 기억하라. 더 부가적인 사실들에 관하여 질
  문함으로써 그들이 평온한 '아웃사이더' 입장을 유지하도
  록 도우라.

코칭Coaching

삼각관계는 체계를 위해 긍정적인 방법으로도 활용될 수 있
다. (침착함도 '전염'될 수 있다.)

보웬은 관찰(observation)의 가치를 강조하였다.

"치료체계는 자기(self)가 역할하고 있는 그 부분을 정확하게 관
찰할 수 있는 능력과 이 프로그램화된 정서적 반동성을 의식적으로
통제할 수 있는 능력에 기초한다. 관찰과 통제는 똑같이 어렵다. 사
람이 관찰할 수 있도록 충분히 자신의 반동성을 통제할 수 있기 전
까지는 관찰하는 것이 불가능하다. 관찰의 과정은 더 통제할 수 있
도록 하고, 차례로 그것은 일련의 느린 단계들 속에 더 나은 관찰을
하게 한다… 사람이 관찰을 시작할 수 있게 되는 것은 오직 그가 좀
외부로 나올 수 있을 때이다… 마침내 사람이 자신의 정서적 반응
성을 통제할 수 있게 될 때, 그리고 두 사람 중 어느 쪽의 편들기도
하지 않을 수 있을 때, 그리고 두 사람과 지속적으로 접촉을 유지할

수 있을 때, 두 사람 안의 정서적 긴장은 줄어들게 될 것이고, 둘은 높은 수준의 분화로 이동할 수 있게 될 것이다. 삼각화된 사람이 정서적 접촉을 유지하지 않으면, 두 삶은 누군가 다른 사람과 삼각관계를 만들 것이다."[6]

결혼 상담에 있어서 보웬 이론에 기초한 코치들은 의도적으로 삼각관계를 만들고, 그런 다음 삼각관계에서 빠져나온다. 코치들은 중립적 입장에서 순서대로 각 파트너에게 관계한다. 다른 파트너가 지켜보는 가운데 이렇게 하면 융합의 긴장이 완화된다. 사람들은 생각할 수 있게 되고 문제를 해결할 수 있게 된다.

어떤 사람들은 실제로 자기를 정의하고 분화하는 작업을 배우게 될 것이다.

부모들과 지도자들Parents and Leaders

가족에서 부모가 최고의 코치이듯이 어떤 기관이나 회중의 지도자는 그 집단을 위한 최선의 코치이다. 그러하기 때문에 어떤 조직의 자문가들은 우선적으로 그 조직의 지도자들과 최선의 작업을 하는 것이다. 지도자들은 부분적으로 최소한 그 조직과의 관계에서 자신을 보다 잘 정의할 수 있기를 배워야 한다. 그리고 그것은 삼각관계에서 정서적으로 중립을 유지하고, 자신의 원칙에 기초하여 자신이 생각하는 것을 서로에게 소통할 수 있는 것을 포함한다. 침착한 삼자(코치, 부모 혹은 기관의 지도자)가 다른 두 사람과 접촉을 유지할 수 있을 때, 그들은 점진적으로 침착해지기 시작한다. 그 시점에서 그들은 생각을 할 수 있게 된다. 결국 논리적으로 생각하기는 체계 안에서 일반적으로 서로 그들의 문제들을 어떻게 해결할 것인가의 문제이다.

'코치가 차분함을 유지하면서 두 사람과 접촉을 잘 할 수 있는 능력'이라는 고전적 묘사는 사람이 긴장된 삼각관계에서 자신을 관리하는 것에 대해 생각하는 아주 유익한 방법이다. 그 삼각관계들은 어디서나 우리와 있을 것이기 때문에 우리는 그러한 능력을 실습할 수 있는 수많은 기회를 가지게 될 것이다. 우리가 침착하게 되고, 생각을 할 수 있게 되고, 자기-정의하는 현존을 할 수 있게 되도록 자신을 관리하여 다른 사람과 접촉을 유지하게 되면, 분화 수준의 향상뿐만 아니라 시간이 지남에 따라 그들이 우리에게 다가와서 함께 참여하게 되는 것을 발견하게 될 것이다.

확실히 차분하고, 생각을 하고, 원칙에 기초하는 지도자는 긴장된 삼각관계에 대해 긍정적 영향을 끼칠 수 있다. 힘든 일이지만 매우 보람 있는 일이다. 오늘날 우리가 직면하는 심각한 사회적 문제들에 영향을 주기 위해서는 이런 개념을 알고 사용하는 지도자가 얼마나 많이 필요할까라는 질문이 들지 않을 수가 없을 것이다.

077

3 삼각화

THE
8
CONCEPTS

단절

   보웬은 단절(cutoff) 현상을 1960년대에 많은 십대 청소년들이 가출을 하고 전국을 가로질러 히치하이킹(hitchhiking)을 할 때 보았다. 단절은 '분리, 고립, 철수, 가출 혹은 부모 가족의 중요성을 부정하는 하나의 과정'이다.[2] 직설적으로 그것은 원래 세대 간의 현상을 지칭했다. 하지만 실제에서 그것은 패턴을 보여 주는 한 중요한 관계를 지칭하는 데 사용된다.

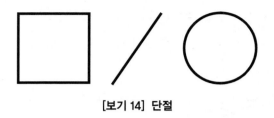

[보기 14] 단절

　단절은 첫 번째 개념에서 묘사한 거리두기 자세의 한 극단적 형태로 볼 수 있다. 한 관계가 충분히 정서적으로 긴장이 고조되면, 어떤 지점에서 사람들은 흔히 내면적으로, 혹은 지리적으로 단절을 시도한다. 의사소통 역시 중단된다. 그것은 흔히 증상으로 이어지는데, 문제를 일으킨 한 부분으로는 좀처럼 잘 알아차리기 힘들다. 단절은 점점 더 거리두기를 해 온 수년 후에 눈에 띄지 않게 이루어지기도 하고, 한 관계를 지속하는 것이 불가능하다고 판단될 지경에 도달할 만한 어떤 한 갈등에 대한 갑작스러운 반동으로 이루어지기도 한다. 단절은 참여한 두 사람 모두가 원해서 이루어짐으로써 상호적일 수도 있고, 한 사람만이 원해 이루어짐으로써 일방적일 수도 있다.

　대부분의 가족들 안에 우리가 연결된 가지들이 있지만, 이전의 세대에서 일어난 단절 때문에 어떤 가지에 연결된 것인지 도무지 알아차릴 수 없기도 한다. 사람들은 번성함에 따라 서로 의사소통도 하지 않고 서로가 존재하고 있다는 것을 심지어 모르는 가족의 가지들을 만들어 왔다. 미국과 같은 나라에서는 사람들 중에 단절이 편재하여 '단절의 국가'로 불려 왔다. 그것은 이 나라에 살고 있는 수많은 이민자들의 삶을 말하며, 일반적으로 이민에 나타나는 높은 단절의 사건과 관련이 있다. (물론 이민과 단절 사이에 백 퍼센트의 상관관계가 있는 것은 아니다. 왜냐하면 지역적 분리는 오늘날처럼 의사소통의 수단이 유용한 때에 접촉의 부재를 의미하지는 않기 때문이다.)

무엇이 단절을 일으키는가What Leads to Cutoff?

한 사람이 자신의 부모들과 융합한(미분화된) 정도는 모든 관계의 패턴들을 향한 한 경향성을 남기는데, 왜냐하면 그것들은 융합들의 증상이기 때문이다. 단절은 사람들이 미해결된 애착(융합혹은 미분화)으로부터 유발되는 관계의 긴장과 그것이 일으키는 불안을 다루기 위해 사용하는 방법들 중의 하나이다. 융합들은 편안하지 않다. 따라서 사람들은 그것들로부터 벗어나고 싶어 단절을 하는 경향성을 가지고 있다. 보웬은 다음과 같이 말했다.

> "부모에 대한 미해결된 애착의 정도는 한 사람이 자신의 생애와 다음 세대에서 다루어져야 할 미분화의 정도와 동등하다([보기 15] 참조)."[3]

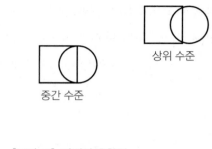

상위 수준

중간 수준

하위 수준

[보기 15] 관계의 융합들

단절의 묘사Descriptions of Cutoff

"사람들은 미해결된 애착을 부모와 가까이 살면서 자기(self)를 부정하고 고립하는 심리내적 과정에 의해, 신체적으로 도망가기에 의해, 혹은 정서적 고립과 신체적 거리두기의 혼합에 의해 다룬다. 과거와의 단절이 더 심할수록 한 개인은 자신의 결혼에서 자기 부모의 가족 문제의 과장된 버전을 경험하게 되기가 더 쉽고, 자신의 아이들이 다음 세대에서 자신과 더 심한 단절을 이루기가 쉬워지게 된다. 기본적인 과정의 강도에 있어서, 그리고 단절이 다루어지는 방법에 있어서 많은 변수가 있다."[4]

자신의 가족과 단절을 하는 사람은 자신의 집을 한번도 떠나지 않은 사람보다 더 독립적이지 않다. 그들은 모두 엄청난 융합의 수위에 반동적이다. 관계의 '유목민들' 혹은 일련의 일부일

처주의자들 그리고 은둔자들 모두는 심한 단절의 유형들을 나타낸다. 부모들로부터 단절한 사람은 충동적으로, 정서적으로 긴장된 결혼을 하여 이혼의 단절로 끝나게 되기 쉽다.[5]

따라서 우리 가운데 누구든지 오직 자신의 가족 혹은 원가족, 그리고 과거의 세대들과 접촉을 유지하게 됨에 따라 삶에서 안녕을 누리게 될 것이다. 우리 아이들에게도 똑같은 진리가 적용된다. 만약 한 사람이 단절하면 그것은 가족 패턴이 된다. 자녀들도 단절하기 쉽게 될 것이고, 모두는 그 단절의 영향을 나타낼 것이다. 즉, 불안이 고조되고 다양한 증상이 결과로 나타날 것이다.

083

단절의 양면적 속성 The Biphasic Nature of Cutoff

문제적 가족으로부터 자유롭게 되는 것이 초기에는 매우 좋게 느껴지지만, 시간이 지남에 따라 단절은 다른 관계 패턴들과 마찬가지로 불안을 생성한다. 살펴본 대로 불안은 증상을 유발한다. 오랜 기간에 걸쳐 불안은 우울증 혹은 다른 증상들의 형태로 안착을 하게 된다. 그것은 가족으로부터 단절한 것과 상관없이 보일 것이다. 처음에는 단절이 좋게 느껴진다. 다음으로는 증상의 시작이 시간이 진행됨에 따라 단절의 시작으로부터 멀어지게 되어 논리적 연결성을 알아차리기가 쉽지 않다.

Baker 박사의 연구Dr. Baker's Research

베이커(Katharine Baker) 박사는 모스크바 대학교에서 단절의 영향에 대해 연구하였다.[6] 그곳에서 한 세대의 많은 사람들이 스탈린의 숙청에 의해 죽임을 당했다. 러시아에서 기록물들이 공개되었을 때 많은 사람들이 그들의 조부모 세대에 관해 그들이 할 수 있는 모든 것을 파악하는 데 상당한 관심을 보였다. 예상한 대로 그들의 조부모 세대에 관해 가장 잘 파악하게 된 사람 혹은 파악하는 데 가장 관심을 많이 보인 사람들이 가장 잘 기능하고 있는 것이 밝혀졌다. 가장 잘 알지 못하고 가장 관심을 적게 보인 사람들은 그들의 삶에서 잘 기능하지 못했음이 밝혀졌다. 베이커 박사의 연구는 단절과 그 단절이 인간의 기능하기에 미치는 영향에 대한 원래의 이론적 기술을 옹호해 주고 있다.

그룹 홈 경험The Group Home Experience

저자에 의해 수행된 간단한 또 하나의 연구는 단절 개념의 중요성을 다시 부각시킨다.[7] 10~15명의 여자청소년이 살았던 그룹 홈 치료 기관에서 기관장과 스텝들이 발견한 사실은 그들이 치료를 위해 자신들의 집으로부터 분리된 이후로 단절이 더 심화되었다는 것이다. 이것은 그러한 기관들과 사회에서 스텝들의 보편적인 태도들, 즉 아이들이 문제를 가지게 될 때 무언의 부모-탓하기의 결과로 생각되었다. 추가적으로 거주자와 그들의 가족 사이의 접촉이 마땅히 있어야 할 정도까지 격려되지 않았다. 우리는 체계적 사고를 하지 않고 있었다.

스텝들이 보웬 가족체계 이론에 대해 조금 학습한 이후 상담자들은 그 소녀들과 그들의 가족들 사이에 더 자주 접촉을 하도록 격려하게 되었다. 이 접촉은 광범위한 지역에 흩어져 있는 가족들과 전화, 편지 그리고 적어도 한 달에 한 번 집 방문 등을 통해 이루어졌다.

이러한 시도의 결과로 우리는 중요한 변화들을 보게 되었다. 학교 성적이 전반적으로 향상되었고, 약 복용량이 줄어들었다. 결석, 손목 긋기, 자살 시도, 기관장이 집으로부터 와서 해결을 요구하는 갈등들 등의 비상사태가 현저히 줄어들었다. 당시 소형 무선호출기를 항상 지니고 다니면서 그러한 사건들에 직접 나와 대응하는 것이 그녀의 업무의 하나였던 기관장이 말하길, "더 이상 나는 호출을 거의 받지 않게 되었다! 이 집은 매우 다른 장소가 되었다."라고 했다.

애도 혹은 단절Grief or Cutoff?

　저자는 사람들이 자신에게 중요한 사람의 죽음과 관련하여 원칙들을 실천으로 옮기는 것을 관찰해 왔다. 정식의 연구가 아직 이루어지진 않았지만 피할 수 없는 것처럼 보이는 결론은, 처음에 프로이트(Freud) 그리고 큐블러 로스(Kubler-Ross)와 다른 사람들에 의해 흔히 묘사된 '애도하기 과정'의 전통적인 단계들을 설명하는 것은 본질적으로 애도라기보다는 가족의 정서적 단절이라는 것이다.

　생존자들이 사망한 사람의 확대가족(한 사람이 그것의 한 부분이 되는 정서적 단위)과 접촉을 유지할 때, 그들은 매우 다른 애도의 경험을 하게 된다. 나는 보다 더 고조되고 오래가는 애도 반응들을 유발하는 것은 그 단위(사망한 사람이 그 단위의 오직 조그만 조각인)로부터의 단절이라고 믿는다. 사망한 배우자의 원가족과 접촉을 유지함으로써 생존자들은 그 혹은 그녀가 한 부분이었던 그 단위 안에 여전히 매우 많이 잘 살아 있는 정서적 과정과 접촉을 유지할 수 있다.

코칭Coaching

다른 사람들을 코치하기 위한 이 개념의 함의는 매우 명료하다. 하지만 오직 코치가 자기 자신의 가족단절들을 줄이는 작업을 할 수 있을 때에만 다른 사람들이 단절을 줄일 수 있도록 돕는 데 필요한 민감성을 가지고 안내자로 행동할 수 있게 될 것이다. 이것이 바로 자신의 가족 안에서 자기변화를 위한 작업을 하는 것의 많은 긍정적 효과들의 한 예가 된다. 그 어려운 작업을 대체할 수 있는 것은 결단코 없다. 그것은 코치(역시 때때로 이러한 급류들을 건너기 위해 코치가 필요한) 역할을 위한 선행조건이지만, 코칭에서뿐만 아니라 모든 삶의 영역에서 상당한 보상들은 그것을 보다 더 할 만한 보람이 있게 만든다.

리더십Leadership

지도자들은 그들의 조직 안에 있는 단절뿐만 아니라 자신들의 가족단절 역시 다루어야 할 필요가 있다. 어떤 규모의 어떤 조직이든지 그 안에는 필연적으로 큰 집단과 소통하지 못하는 주변부에 일정의 개인들이 있게 마련이다. 큰 집단, 회사, 대학교 혹은 교회는 단절을 촉진시키는 위험에 더 놓여 있다고 가정할 수 있다. 이 개념을 아는 것은 리더십을 안내할 수 있을 것이다. 지도자들은 리더십 관계들 그 자체가 좋은 접촉에 놓여 있음을 확실히 해야 할 필요가 있다. 그 이후 그들은 나머지 큰 집단과 그 집단 내부의 여러 작은 집단의 지도자들과 규칙적인 접촉을 통해 접촉할 수 있다는 것을 확실히 알게 될 수 있다. 조직도 최선의 기능을 하는 조직이 되기 위해서는 역시 그 조직이 한 부분으로 속해 있는 공동체와 접촉하려는 노력을 해야 할 필요가 있을 것이다.

5

가족투사과정

"부모의 미분화가 한 아이 혹은 그 이상의 아이들에게 손상을 주는 과정은 아버지-
어머니-아이 삼각관계 안에서 작동한다… 그것은 강도의 모든 단계적 차이들 안에 존
재하는데, 손상이 미세한 단계로부터 그 아이가 생애 동안 심각하게 손상되는 단계에까
지 다양하게 존재한다. 이 과정은 매우 보편적이어서 어느 정도는 모든 가족들 안에 존
재한다."[1]

Murray Bowen, 1976

이제는 1장에서 아이초점으로 우리가 살펴본 원래의 삼각관
계에 대해 보다 더 구체적으로 살펴보자. 이번에는 우리가 그것
이 어떻게 한 아이에게 영향을 미치는지만을 보는 것이 아니라,
어떻게 그 아이초점이 한 가족 내의 모든 아이들에게 영향을 미
치는지도 보게 될 것이다.

어느 순간 우리 중 대부분은 가족 안에서 가능한 무수히 많은
다양함에 대해 의아해한다. "똑같은 두 부모의 자녀들의 기능하

기 수준이 어떻게 그렇게 다를 수 있을까?” 우리는 모두 형제자매들이 서로 간 극단적 대조를 보임으로써 한 아이는 조현병적 수준의 기능하기 수준을, 다른 아이는 높은 수준의 지도자가 되는 경우를 알고 있다. 대부분은 아니더라도 많은 가족들은 그들의 후손들에게서 기능하기의 폭넓은 범위를 나타낸다. 가족체계 이론에서 볼 때, 두 사람이 똑같은 미분화 수준에서 결혼을 하게 되는 사실이 더해지게 되면 형제자매 스펙트럼의 흩어짐은 훨씬 더 이해하기 힘들고 흥미롭게 될 것이다.

가족투사과정의 개념은 바로 그러한 현상에 관한 것이다. 그것은 어떻게 미분화 수준들이 한 부모에게서 후손으로 전수되는가뿐만 아니라, 어떻게 한 가족 안에서 각 아이마다 그 과정이 다를 수 있을까를 설명한다.

형제자매들이 어떻게 그렇게 다를 수 있을까
How Can Siblings Be So Different?

왜 똑같은 가족의 후손들이 그렇게 달라질 수 있을까? 흔히 사람들은 “그들은 모두 똑같은 부모 아래 자랐기 때문에 그것은 그 부모들과는 상관이 있을 수가 없어!”라고 결론짓기도 한다. 그들은 아이들의 삶에서 성공과 위험한 행동을 형성하는 것은 외부의 힘들, 예를 들면 문화, 미디어 혹은 또래 압력의 탓으로

돌린다.[2]

하지만 수행된 가장 큰 연구인 '건강 증진(Add Health)'[3] 연구는 또래들이 영향의 한 요인이기는 하지만 중요성에 있어서 다른 요소들 순위를 나열했을 때 또래들은 아주 하위에 해당됐다. 연구자들이 발견한 사실은 부모와의 관계가 십대 청소년들이 마약 혹은 성과 같은 위험한 행동에 빠지게 되는 데 훨씬 더 중요한 요소라는 것이다.

형제자매 위치가 기능하기에 있어서 개인차를 만드는 것인가? 가족 안에서 그 위치는 확실히 성격적 차이를 만드는 데 몇 퍼센트 정도는 설명을 제공한다. 원가족에서 우리의 출생 순위는 우리의 약점, 강점 그리고 관계의 경향성 등이 어떻게 형성되는지를 보여 준다. 그것은 또한 각 형제자매가 자신의 가족을 어떻게 다르게 경험하는지도 나타내 준다. 예를 들면, 첫 번째는 흔히 그/그녀가 유일한 아이였을 때를 기억할 수 있다. 막내는 자기보다 나이 많은, 혹은 자기 '위에' 누군가가 없었을 때가 없었음을 인식한다. 형제자매 순위와 그것의 성격 형성에 대한 영향은 제7장에서 더 자세하게 탐색된다.

그러나 통계적으로 개인적 사례에 있어서 형제자매 위치의 개념은 삶의 기능하기에 대한 설명을 하기에는 그렇게 유익하지 않다. 가족 안에서 어떤 위치에 있든지 사람들은 성공적인 삶의 과정을 가질 수도 있고, 또 어떤 경우 그들은 썩 잘 지내지 못할 수도 있다. 각 위치는 강점들과 약점들이 있다. 어떻게 장점들이 활용되고 약점들이 관리되어 한 사람이 잘 살거나 그렇지 않게 되는 데 있어서의 차이를 만들까?

자기의 분화와 아이초점
Differentiation of Self and The Child Focus

물론 정의에 의한 보웬 이론의 관점을 통해서 볼 때, 한 사람의 자기분화 수준은 삶에 있어서 성공을, 또는 실패를 만들기도 한다. 형제자매 가운데 그 수준은 매우 다를 수 있다. 어떤 가족 안에서든 거의 그것이 사실임을 우리는 생각할 수 있다. 그러나 똑같은 부모의 자녀들이 삶을 헤쳐 나가고, 잠재력을 인식하여 목표에 도달하는 등의 능력에 있어서, 즉 그들의 분화의 수준들에 있어서 그렇게 다양한 것이 정확히 어떻게 일어날까?

보웬 이론은 '아이초점'의 수단으로 그 질문에 대답을 제시한다. 즉, 아이초점의 삼각관계가 그 모든 차이들을 만들어 낸다. 불안이 고조되어 때로 증상이 어떻게 한 아이에게 안착되는지를 기억하는가([보기 16] 참조)?

그 걱정의 초점, 혹은 불안의 '투사'는 불안이 어떻게 후손에게 옮겨지게 되는지를 설명한다. 한 아이에 대해 한 사람이 지나치게 걱정을 하게 되면(혹은 방임에 의해 불안의 초과 적재에 반동하면, 혹은 지나치게 긍정적인 태도에 과도하게 초점을 맞추게 되면), 한 사람은 그 불안을 직접적으로 아이에게 전수 혹은 투사하게 된다.

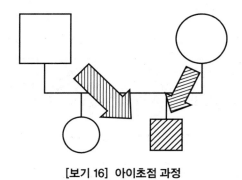

[보기 16] 아이초점 과정

똑같은 가족 안에서 변수Variation in the Same Family

투사과정은 다른 아이들에게 다른 것으로 보인다. 우리는 부모로서 어떤 아이들을 다른 아이들보다 더 걱정(혹은 방임 혹은 비현실적으로 '칭송')한다. 부모들은 아이들 중 다른 아이들보다 더 초점을 '끌도록' 말한다. 그 초점은 과도하게 부정적이거나(화 혹은 걱정), 방임적이거나, 혹은 과도하게 긍정적일 수 있다. 긍정적 혹은 부정적 원자(valence)가 문제가 안 되는 것으로 보인다([보기 17] 참조).

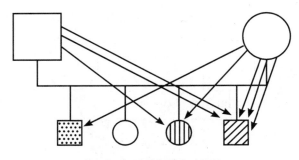

[보기 17] 아이초점의 다양성

그러한 방법으로 다른 아이들이 다른 양의 부적절한 초점을 받게 된다. 한 아이가 걱정이나 과도한 긍정적 초점을 받게 되면(혹은 한 부모가 너무 불안해 방임적이게 되면), 불안이 전수될 가능성은 더 커지게 되고, 따라서 부모(부모들)와 자기들(selves)의 융합이 될 가능성이 커지게 된다. 융합이 더 커지게 되면, 자기의 분화 수준은 더 낮아진다.

어떤 가족 안에서든지 한 아이가 너무 많은 초점(불안)을 받게 되면 다른 아이들은 가족의 정서적 과정으로부터 좀 더 자유롭게 내버려지게 된다. 그들은 불안을 덜 받게 될 것이다. 그래서 그들은 가족 자기 아말감 속으로 덜 융합이 된다(즉, 더 적게 가족 정서과정의 한 부분이 된다). 동시에, 그들은 그것으로부터 단절하지 않는다. 그들은 가족과 소통한다. 그들은 문제들을 인식하고, 쏟아진 불안의 일정 부분을 지니긴 하지만 그렇게 많이 떠안지는 않는다. 다루어야 할 더 적은 양의 불안으로 그들은 더 기본적

자기를 발달시키고, 세상 밖으로 나가고, 세상에서 그들의 재능
이 요구하는 것이 무엇이든 그것을 한다.

다른 종들에서In Other Species

제인 굿올(Jane Goodall) 박사는 곰베이국립공원에서(Gombe Stream
National Park) 침팬지 플로(Flo)와 플린트(Flint)에 관한 매혹적인 연구
결과를 보고한다. 플로라고 불리는 높은 순위의 암놈인 어미는
몇몇의 다른 성공적이고 높은 지위의 새끼를 양육하였다. 플린
트가 왔을 때쯤 그녀는 늙고 지쳤다. 플린트는 그녀에 의해 유별
날 정도로 함몰되어 있었다. 플린트는 침팬지들에게서 흔히 관
찰되듯이 시간이 오래 지나도 어미의 등에 타 있음으로써 그녀로
부터의 분리를 거부하였다. 그녀가 죽었을 때 플린트는 그 어미
가 죽은 지점을 떠나기를 거부하고, 3주 후에 그곳에서 죽었다.[4]

투사과정에 영향을 주는 요인들
Factors Influencing the Projection Process

투사들의 시작점을 우리는 어떻게 이해할까? 부모의 불안이
다른 대상보다 아이를 향하여 끌리게 하는 것이 무엇일까? 그것

은 출생의 시간에는 특별한 환경들 때문에 불안이 매우 높을 수 있다. 우리가 알듯이 불안은 항상 논리적인 방법으로 다루어지는 것은 아니다. 때때로 불안은 체계 주위로 전환된다. 이것은 아이들 중 한 아이를 '고갈시키기' 위해 가족이 심사숙고의 과정을 거쳐 하는 것이 아니다. 오히려 그것은 전혀 인식하지 못하는 것이다. 그것은 자동적이다. 하지만 아이의 출생 시에 불안이 높으면 그것은 정서적 단위 주위를 맴돌 수 있고, 그 아이에게 과도한 초점을 두게 된다. 그것이 일단 시작되면 과도한 초점은 그 자체를 영속화하는 성향을 가지게 된다.

때때로 막내 혹은 맏이는 초점의 대상이 되는데, 그 이유는 단순히 그/그녀가 그것을 받기 위해 그곳에 있기 때문이고, 다른 아이들은 집에서 나가 있거나 아직 도착하지 않았기 때문이다.

혹은 한 부모가 문제 있는 형제 혹은 자매와 성장하여 비논리적으로, 하지만 강렬하게 똑같은 위치(맏이, 세 번째, 중간 등)에 있는 자신의 아이가 문제를 발전시킬지도 모른다는 두려움을 가질 수도 있다. 그 두려움이 지나친 초점으로 전환되기도 한다.

여전히 다른 가족들은 특별한 문제 혹은 장애를 가져 부모의 불안을 끄는 다름을 가진 아이를 접하기도 한다. 때로 입양된 아이가 '선택'된다.

이러한 경우는 다행이다.

"비교적 가족투사과정으로부터 벗어나 성장한 아이는 부모보다 더 높은 기본 분화 수준을 발전시킨다."[5]

이러한 경우들이 보여 주듯이 우리 모두는 개인으로서의 우리의 불안을 가족체계 주위에 전가하기보다는 잘 처리하는 법을 배우는 것이 대단히 중요하다.

비난하지 않는 과정Blameless Process

어떤 사람들은 가족투사과정을 자녀의 문제에 대한 부모의 탓하기로 들었을 수 있다. 만약 그들이 불안을 투사하고 있으면 그들이 잘못하고 있다는 사실을 인식하는 것 아닌가?

전혀 그렇지 않다. 가족투사과정은 전혀 의도적이지 않고, 전적으로 자동적이다. 부모들은 그 문제에 있어서 자신들의 책임에 대해 전혀 생각하지 못한다. 하지만 흔히 그들이 이 개념을 배우고 그들이 문제에 어리석게 기여하고 있다는 것을 배우게 될 때, 그들은 그들의 잘못을 어느 정도 수정할 수 있고 놀라운 결과를 나타낼 수 있다.

이 과정은 자동적이기만 한 것이 아니라 무의식적인데, 그것은 그들 세대들과의 연결성과 관련이 있다. 그들 역시 부모가 가졌던 불안의 수여자였고, 그들의 부모는 또 그들의 부모로부터 수여받았다. 이 과정은 우리 모두의 가족들 안에서 너무 방대하여 비난을 위한 여지를 남기기 어렵다.

어떤 가족 안에서 정서적 과정을 관찰하는 것은 비난을 목적으로 하는 것이 아니다. 하지만 관찰을 할 수 있는 것은, 그래서 사람들이 그들이 문제에 기여하고 있는 역할을 볼 수 있게 될 때, 현재의 세대가 더 나은 선택을 하고 그들의 후손을 위해 다른 유산을 남길 수 있는 것을 가능케 할 수 있다.

코칭Coaching

가족투사과정의 개념은 부모에게 매우 유익할 수 있음을 보여 준다. 물론 분화의 수준에 따라 어떤 가족들은 이 개념을 학습하고 그들의 한 자녀 혹은 그 이상의 자녀들에게 지나친 초점을 맞추는 것에 대해 뭔가 변화를 시도할 수 있다. 흔히 부모가 자신들의 높은 분화 수준을 성취하기 위해 노력하면, 그래서 자신들의 결혼과 원가족 안에서 불안을 투사하는 대신 자신들의 관계를 개선하기 위해 노력하면, 아이는 새장에서 벗어난 새처럼 행동할 수 있게 되고, 증상은 줄어들고 건강한 발달을 보여 주게 될 것이다. 흥미롭게도 이러한 변화가 일어나기 전에 어떤 아이들은 그 초점을 다시 '끌기' 위해 증상의 악화를 보일 수 있다. 부모가 그 일이 일어나기 전에 미리 이 가능성을 예측하고 자신들의 기능하기를 향상시키기 위한 노력을 하게 되면, 그러한 반동은 오래가지 못할 것이다.

부모 자신들이 어떻게 다른 자녀들을 다르게 인식하고 다르게 정서적으로 반동하는지를 이해하게 되면, 아이초점에서 벗어나 자신에게 그 초점을 되돌려 자신들의 성인 관계를 향상시킬 수 있다.

코치 자신의 사려 깊은 이해와 정서적으로 침착하게 연결될 수 있는 것은 심사숙고할 수 있는 능력을 증진시킬 수 있고, 경직된 행동 패턴을 변화시킬 수 있다.

지도자들Leaders

지도자들은 체계 안에서 한 독특한 위치에 있기 때문에 집단과는 다르다. 때때로 하나의 정서체계 안에서 지도자들은 이러한 독특한 위치 때문에 초점의 대상이 된다. 지도자들은 규칙적으로 그 집단을 위해 발탁이 된다. 그래서 지도자들은 체계적으로 생각함으로써 그러한 대상이 되는 것을 예상하고 준비할 수 있다. 그러지 않으면 초점을 불시에 준비 없이 받게 되므로 피해자가 될 수 있다. 그 집단의 구성원들은 한 지도자에게 비현실적인 역할들을 하도록 압력을 가하려 시도할 수도 있고, 그 지도자가 그 기대들을 충족시켜 주지 않을 때 그들은 반동할 수 있다. 이러한 종류의 상황은 반동에 대해 침착한 연결성으로 대하게 될 훌륭한 기회를 나타낸다.

그 집단의 구성원 중 자신들의 원가족에서 삼각관계 가운데 과도한 초점의 대상이 되었던 사람들은 다른 집단들에서도 초점을 끎으로 그 가족의 정서적 과정을 반복할 수도 있다.

지도자들 역시 고용인이나 스텝원의 과잉초점에 참여할 수 있고, 따라서 그 사람의 기능의 상실로 이어지게 할 수 있다. 사람들은 기대에 맞추어(혹은 못 미쳐) 살려는 경향이 있다.

사람은 불안(자신의 내부에서 시작된 것과 집단으로부터 자신에게 전가된 것 둘 다)을 처리하기 위해 무엇을 해야 할 것인지에 대해 선택의 여지들을 가지고 있다. 어떤 사람은 그것을 책임감 있는 행동을 취하여 자신 안에서 그것을 해결함으로써 다룰 수 있다. 또 어떤 사람은 그것을 체계 안의 삼각관계를 만들어 전수할 수 있고, 그렇게 함으로써 체계 안에 더 높은 불안을 야기시키고, 결국은 자신에게 더 많은 문제를 만들 수도 있다.

여기서 다시 이론은 빠져나오는 길을 보여 준다. 우리가 이론을 알면 사용할 수 있고, 그렇지 않으면 사용할 수 없다.

가족투사과정으로부터 빠져나오는 한 방법은 가족투사과정에 대한 보다 더 큰 그림을 파악해 보는 것이다. 그것은 곧 이전의 세대들을 탐색함으로써 무엇을 파악할 수 있을지를 보는 것이다. 물론, 거기에다 만약 단절들이 줄어든다면 더할 나위 없이 유익하다.

이제는 투사과정이 어떻게 세대들을 통해 전수가 되는지를 살펴보자.

다세대전수과정

"가족투사과정은 다세대에 걸쳐 계속된다. 어떤 한 핵가족에서 가족투사과정의 우선적인 대상이 되는 한 아이가 있다. 이 아이는 부모들보다 낮은 분화 수준을 가지게 되고, 삶에서 잘 기능하지 못한다. 부모들과의 관계에서 최소한의 간섭을 경험하는 다른 자녀들은 부모들과 거의 비슷한 수준의 분화를 성취한다. 가족 정서과정의 외부에서 성장한 자녀들은 비교적 부모들보다 더 나은 분화 수준을 발달시킨다. 만약 우리가 이어지는 세대들에 걸쳐 가장 손상이 심한 아이를 따라가 보면, 한 계보의 후손이 점점 더 낮은 분화 수준을 생성해 낸 것을 발견할 수 있을 것이다… 만약 우리가 거의 비슷한 분화 수준을 생성해 낸 아이들의 계보를 따라가 보면, 세대들에 걸쳐 가족의 기능하기의 놀라운 일관성을 발견하게 된다… 만약 우리가 높은 분화 수준을 성취해 낸 사람들의 다세대 계보를 따라가 보면, 높은 기능 수준을 보이고 매우 성공적인 사람들의 한 계보를 보게 될 것이다."[1]

Murray Bowen, 1976

우리는 다시 어떻게 보웬 이론의 개념들이 하나의 개념에서 또 하나의 개념으로 전개되었는지를 쉽게 볼 수 있다. 만약 가족투사과정이 어떻게 분화—혹은 미분화—가 한 세대에서 다른 세대로 전수되는지를 설명한다면, 다세대전수과정은 확대판으로 단순히 세대들에 걸쳐 나타나는 똑같은 현상이다.

다른 종들에서In Other Species?

　다른 종들에서도 불안이 세대에 걸쳐 전수될까? 이 질문에 대한 답을 알기에 충분한 연구는 이루어지지 않았는데, 그 이유는 연구자들이 여러 세대를 추적하기에 고등포유동물들은 너무 오래 살기 때문이다. 그러나 우리가 가족투사과정(그 개념 위에 바로 이 개념이 확장되었다.)과 같은 현상이 굿올(Good all) 침팬지들에서 일어나는 것을 보았기 때문에, 그 변수가 많은 세대들에 걸쳐 전수되지 않으리라고 생각할 이유가 없다.

가족에서 정서과정Emotional Process in Families

　다른 형제자매들에게서 나타나는 분화의 다른 수준들은 척도에서 상승하거나 하락하는 가족들의 전체 가지들을 일으킬 수 있다.

　이 현상이 거대하기 때문에 우리는 다시 우리가 우리 자신들보다 더 큰 무엇인가의 오직 작은 부분이라는 사실을 깨닫게 된다. 많은 사람들이 그들의 세대에 관심을 갖기에 너무 단절이 되어 있다. 그러나 관심을 갖게 되는 사람은 상당한 보상이 있다. 그들의 삶에서 지속적으로 그것을 증명하고 있다.

세대들을 관찰하기Observing the Generations

많은 사람들이 그들 가족의 가장 연장자들로부터 연구를 시작한다. 이것은 대부분의 사람들에게 소중한 경험이고 연결을 회복하는 경험이다. 대부분의 연장자 친척들은 누군가가 알기를 원한다는 것과 그들의 지식이 그들과 함께 소멸되지 않을 것이라는 것을 기뻐한다. 단순히 이러한 구성원들과 연결을 시도하게 됨으로써 사람들은 단절을 줄이는 유익들을 발견하고, 보다 더 연결되었다는 것과 뿌리가 있다는 것을 느끼고, 더 잘 기능한다는 것을 보고한다. 그러면 많은 사람들은 가계도에 관심을 갖게 될 것이다. 가계도는 중요한데, 이 연구를 위해 활용할 수 있는 많은 도움자료들이 있다. 가계도 뼈대에 살로서의 정서적 과정을 붙이는 것은, 결국 현재의 가족 정서과정을 이해하는 것을 가능하게 할 것이다. 어떻게 그것을 할까?

가계도The Family Diagram

우리 가족의 여러 세대들을 살펴봄에 있어서 우리는 사실들을 파악한다. 정서로 채색된 이야기들은 흥미롭지만 사실적 신뢰성을 위해 평가되어야 한다. 그러한 사실들이 분화에 관한 이

야기를 들려주게 될 것이다. 중요한 사실들은 이름을 포함하여 다음과 같은 것을 포함한다.

- 가족 구성원들의 수명
- 건강
- 그들의 지역, 이사 그리고 날짜들
- 그들의 수입, 사업 혹은 직업, 가졌던 직위
- 낙태, 사산아 그리고 유산들을 포함한 생식의 역사
- 결혼 그리고 동거
- 출생일, 사망일 그리고 결혼일
- 최종 학위 혹은 재학 시기

이 모든 사실들을 가계도에 기록한다([보기 18] 참조).

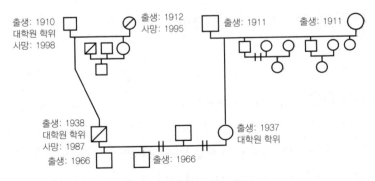

[보기 18] 가족다이어그램 시작하기

일상적으로 남성은 사각형으로, 여성은 원으로 표기한다. 어떤 사람들은 가계도를 손으로 그리는 것을 선호한다. 또 어떤 사람들은 컴퓨터를 사용하여 그리기를 선호한다. 이 프로젝트를 수행하는 데 도움이 되는 유익한 소프트웨어 프로그램도 있다.

사람들이 가계도를 작성하고 탐색함에 있어서 보웬의 목적은 그 가계도 안에서 나타난 살아 있는 사람들과 가능한 한 직접적인 관계를 맺는 것, 그리고 다른 세대들에 관해 가능한 한 많은 것을 배우는 것이다. 보웬의 안내를 따라 그러한 가계도 탐색을 한 많은 사람들이 그들의 삶에 그 탐색이 미치는 영향에 관해 소중한 증언을 한다. 그들은 그것의 한 부분인 자기 자신보다 더 큰 무엇인가에 대해, 그리고 그 안에서 자신의 위치에 대해 이해의 확장을 하게 된다.

세대들을 탐색하기Researching the Generations

사람들은 어떻게 그들의 세대들을 탐색하는가? 그들이 살펴보는 것 중의 하나는 주제들(themes)이다.[2] 흔히 사람들은 어떤 영역에 있어서 도전 혹은 어려움을 경험할 때 마음속에 특별히 그 주제에 대한 관심을 가지고 그들의 세대들을 탐색하려는 동기를 갖게 된다. 많은 주제들 가운데 탐색된 일정 주제들은 다음과 같다.

- **죽음**: 다른 가족들이 생의 종결에 관한 사실에 대해 다르게 접근한다. 어떤 때는 가족의 부정(denial)이 놀라운 정도의 수준에 도달한다.
- **생존**: 사람들 중 그들의 윗세대가 홀로코스트, 기근 혹은 경제대공황 등에 의해 영향을 받은 많은 사람들은 그것들이 그 가족에 미친 그 경험들의 충격에 대해 그때로 돌아가 이해하기 전까지는 그 불안이 세대들 안에서 그대로 지속될 것이라는 것을 발견하게 된다. 이것은 사람들이 불안이 무엇에 관한 것인지를 알지 못함에도 불구하고 그럴 것이다.
- **생식**: 이 연구는 다른 연구들과 같이 이 영역에서 도전을 경험하고 있는 핵가족에게 그 장애물들을 제거하게 해 줄 수 있다.[3]
- **돈**: 다른 가족들이 돈을 모으고 버는 능력에 대해 다른 태도들을 가지고 있다. 흔히 이러한 다른 태도들은 세대들의 과거 경험들에 뿌리를 두고 있다.
- **종교**: 과거 세대들의 경험들과 신념들은 현재의 세대에 그대로 전수될 수도 있고, 그것들이 반동에 부딪칠 수도 있다. 이 연구는 특별히 종교적인 이유 때문에 혹은 가족의 신앙 밖의 결혼 때문에 단절한 사람들의 경우는 중요하다.
- **이혼과 별거**: 이 연구는 단절의 가족 패턴들을 파악하려 할 때 특별히 유익하다.

보웬 이론의 여덟 가지 개념

탐색될 수 있는 주제들에는 끝이 없다. 그러한 노력에서 얻을 수 있는 유익 또한 끝이 없다. 인생의 '방해물'을 제거하고 고집 스런 성격 특징 혹은 비합리적 신념, 또는 일상에서 좀 더 객관 적이 되려는 노력을 함에 있어서 자신의 세대들에 관해 구체적 질문을 다시 해 보고 그것들로부터 무엇을 얻을 수 있을까를 파 악해 보는 것보다 더 나은 방법은 없다.

교점 사건들과 분수령 사건들
Nodal Events and Watershed Events

사람들이 가족 안으로 들어오고 나가는 때와 같은 '교점 사건 들'을 살펴보는 것은 중요하다. 교점 사건들은 가족들에게 격동 을 일으킬 수 있다. 보웬은 다음과 같은 현상을 기술했다.

"죽음 혹은 위협당한 죽음은 한 가족을 격동시킬 수 있는 많은 사 건들 가운데 단지 하나이다. 가족 단위는 평온할 때는 기능적 균형 상태에 있으므로 각 구성원이 그 기간 동안은 대체로 효율적으로 기능한다. 이 단위의 균형은 한 새로운 구성원의 가입 혹은 구성원 의 상실에 의해 격동된다. 정서적 반동의 강도는 당시의 가족 안에 정서적 통합의 기능하기 수준에 의해, 또는 가입 혹은 상실되는 사 람의 기능적 중요성에 의해 규제된다. 예를 들어, 아이의 출생은 정서적 균형을 격동시킬 수 있는데, 그 가족 구성원들은 그 아이 주위로 다시 자신들을 재조정할 수 있을 때까지 그렇게 한다. 한 가정에 살기 위해 들어온 조부모는 상당 기간 동안 가족 정서적 균형을 변화시킬 수 있다. 가족의 균형을 깨는 상실들에 자녀가 대학교로 떠나가거나 어른이 되어 결혼하여 출가하는 등의 신체적 상실들이 있다. 기능적 상실들이 있는데, 핵심 가족 구성원 가운데 장기 질병으로 능력을 상실했거나, 가족들이 의존하고 있는 작업을 수행하지 못하게 하는 손상을 입게 된 것과 같은 것이다. 정서적 상실들은 가족 안에서 분위기를 밝게 해 주는 경쾌한 사람의 부재와 같은 것이다. 밝은 분위기에서 심각한 분위기로 변하는 집단은 한 다른 종류의 조직이 된다… 잘 통합된 가족의 경우는 그러한 변화의 순간에 보다 겉으로 보이는 반동을 나타낼 수 있지만, 그것에 보다 빨리 적응할 수 있다. 잘 통합되지 못한 가족은 그 순간에는 거의 반동을 보이지 않지만, 나중엔 신체적 질병, 정서적 질병 혹은 사회적 문제 행동의 증상들을 보이게 된다."[4]

이민 혹은 대학살과 같은 분수령 사건은 앞으로 오게 될 많은 세대들에게도 영향을 미칠 수 있고, 따라서 보다 철저히 이해될 필요가 있다. 사람들은 이 사건들에 관해 알고 있는 다른 나라에 살고 있는 친척들로부터 더 잘 이해하기 위해 장거리 여행을 하기도 한다.

제기할 질문들Questions to Ask

모든 훌륭한 과학에서 연구 질문들은 다음을 포함한다.

- 누가?
- 무엇을?
- 어디서?
- 언제?
- 어떻게?

"왜?"는 유용한 질문이 아니다. 그것은 사실들로부터 벗어나 사실에 대한 사람들의 해석, 즉 정서적/느낌의 세상에 의해 채색된, 그리고 다시 고안된 해석으로 인도하기 때문이다.

코칭Coaching

심리치료의 전통적 방법들은 조상들이 우리에게 미치는 거대한 충격에 대해 거의 주목하지 않았다. 하지만 한 사람이 물려받은 것에 대해 가능한 한 온전히 이해하려고 노력을 기울이는 것은 자신을 위해 할 수 있는 가능한 노력 중 가장 유익한 것이다. 그것은 보웬 이론에 입각한 코치들에 의해 주어지는 지시이며, 그것은 이미 그들의 개인적 경험 안에서 알려진 것이다.

저자 자신의 세대들 안에서 결혼, 돈 그리고 종교와 같은 주제들의 연구는 이러한 영역에 있어 저자 자신을 보다 더 객관적이 되게, 그리고 그러한 영역 안에서 자신을 잘 관리할 수 있는 더 훌륭한 능력을 갖게 해 주었다.

리더십Leadership

지도자는 복잡한 회사들 혹은 교회와 같은 한 지역 집단의 세대들에 관한 사실적 역사, 그리고 위계에 관해 가능한 한 많이 알기를 원할 것이다. 이를 알기 위해 이 집단의 선임자들은 매우 중요한 정보의 보고이다. 그러나 그들은 그 이상의 보너스를 자주 선물로 준다. 그들과 함께 앉고, 그들의 이야기에 경청하고, 그들과 관계를 발전시키는 과정은 가족 안에서와 마찬가지로 현재의 지도자에게 매우 안정적인, 그리고 기초적인 영향이 될 수 있을 것이다.

가족들이나 조직들은 개인들과 마찬가지로 자주 교점 혹은 분수령 사건 이후 '고착'이 된다. 그러한 상황에서 역사적, 세대적 이해를 하는 것은 방해물을 건너는 데 있어서 상당히 유익하다.

때때로 문제를 개방하고 그것을 통과하기 위해서는 자신의 연구로부터 도출한 지식을 집단으로 가져오는 것이 필수적이다. 또 어떤 때는 선임자들이 그러한 제기하는 문제를 그들과 그 집단의 이점을 위해 받아들일 수 있다. 또는 한 지도자가 몇 가지 계몽적인 연구를 한 후 집단에 접근하여 그 문제에 관하여 그가 배운 것을 수평적으로 접근할 수 있다.

> "이것이 제가 우리의 역사에 관하여 파악한 것입니다. 저는 그것이 여기에 한 가지 역할을 하고 있지는 않은지 의아심이 듭니다. 이것이 바로 그것이 어떻게 작동하고 있는지에 대한, 그리고 그 문제를 해결하기 위해 접근할 수 있는 방법들에 대한 대안들에 관한 제 생각입니다. 다른 분들은 어떤 생각을 가지고 계십니까?"

비록 지도자는 역사적 이슈들에 대해 배운 유일한 사람일지라도, 이 연구로부터 도출한 지식을 자신의 지속적 사고하기에 하나의 역할을 하도록 하면 다른 종류의 지도자로 변화될 수 있을 것이다.

THE
8
CONCEPTS

형제자매 위치

월터 투멘 박사의 핵심 연구인 '가족 구성(Family Constellation)'은 새로운 이론의 출현을 위한 교점 사건이었다. 그는 그 획기적인 연구를 꾸준히 그가 찾던 있어야 할 곳에 없는 부분으로 인식하였다.[2] 그는 그것을 '형제자매 위치'라는 또 하나의 개념으로 환영하였다.

투멘은 그의 연구가 어떤 한 호기심으로부터 탄생했다고 말했다. 인간행동에 관한 전통적 정신분석 이론은 자녀에 대한 부모들의 영향에 관해서는 많이 말을 했지만, 형제자매들 서로 간의 영향에 대해서는 거의 또는 전혀 말하지 않았다. 그는 그것이 고려되어야 한다고 생각했다. 그래서 그는 가족 구성이 성격 및 관계 형성에 무슨 역할을 하는지 연구하는 것에 그의 삶을 헌신했다. 그는 말 그대로 수천 명의 가족 및 개인들과 오랜 기간 동안 많은 다른 장소에서 인터뷰를 하였다.[3]

성격 이론가들은 성격의 많은 부분이 가족 안의 경험으로부터 초기 시절에 형성된다고 오랫동안 믿었다. 하지만 그러한 초기 시절에 무엇이 중요한 요소들인지에 관해서는 덜 명확하였다. 투멘의 연구 업적은 바로 한 사람의 출생 순위, 자기 부모들의 출생 순위, 그리고 형제자매들 가운데 성(genders)의 혼합을 성격의 특징을 형성하는—모든 것이 똑같이—주요 요인들로 식별하였다.

투멘은 자주 '모든 것이 똑같이'라는 규정 문구를 사용하였다. 그 말은 형제자매 위치 이외의 많은 요소들이 결합하여 성격에 영향을 주고, 따라서 그 요소들이 한 개인에게서 주요한 요인일 수도 혹은 그렇지 않을 수도 있다는 것이다. 그러나 통계적으로 그 요인들은 혼합이 될 때 그 자체로서 중요함을 보여 주었다.

연구는 모든 것이 똑같음을 보여 주었는데, 사람들은 그들이 가족 구성에서 위치와 성별의 혼합에 따라 어디에 자리 잡았는지에 기초하여 어떤 특징을 보여 준다는 것이다. 그는 형제자매 위치에 있어서 한 위치가 다른 위치보다 더 나은 것은 없다는 것을 발견했다. 실상 그 모두는 그 자체의 강점들과 약점들을 가지고 있다. 예를 들어, 맏이는 자연적인 지도자일 수 있지만, 막내의 유머 감각을 결코 가지지 못할 것이다.

다른 위치들은 두 자녀가 가족을 똑같은 방법으로 경험하지 않음을 명료화시켜 준다. 각 위치가 어떤 다른 위치와 매우 달라서 마치 두 아이는 똑같은 가족에 속해 있지 않은 것처럼 보일 수 있다. 예를 들어, 맏이는 흔히 자신이 어렸을 때를 기억할 수 있어 다른 형제자매들의 출생을 기억할 수 있다. 다른 한편, 막내는 자신의 위에 누군가가 없었던 때를 기억할 수 없다.

형제자매 위치 개념 역시 '정서적 단위로서의 가족' 개념으로부터 유래되었을까? 비록 그 개념이 다른 연구자에 의해 발견되었지만, 우리들의 모든 패턴화된 행동들이 우리가 속해 있던 원가족 융합들로부터 발전되었다는 것을 쉽게 알아차릴 수 있다. 똑같은 방법으로 우리가 성인기까지 지니고 다니는 원가족 융합들로부터의 '자동화들(automatics)'은 형제자매 위치의 그것들도 포함할 것이다. 더 많이 융합된 가족들은 형제자매 위치 특징에 의해 더 많이 영향을 받을 것이다. 덜 융합된 가족들은 덜 영향을 받을 것이다.

열한 가지 위치가 있는데, 모두 다른 위치들과 다르고 각 위치는 그 자체의 독특한 가능성들과 취약성들을 가지고 있다. 다음 목록은 각 위치와 그 위치에 따르는 상징을 보여 준다.

- 형제들의 장남 b/(b)
- 형제들의 막내 남동생 (b)/b
- 자매들의 맏이 오빠 b/(s)
- 자매들의 막내 남동생 (s)/b
- 독자
- 자매들의 장녀 s/(s)
- 자매들의 막내 여동생 (s)/s
- 형제들의 맏이 누나 s/(b)
- 형제들의 막내 여동생 (b)/s .
- 독녀
- 쌍둥이

이 목록에는 중간 위치가 없다. 중간 아이들은 흔히 가까운 나이의 한두 형제 혹은 자매와 가까운 경향이 있다. 그 결과, 그들은 앞의 목록에 나타난 위치 중 한 위치에 적용된다. 그렇지 않은 경우, 그들은 한 위치 이상의 특징을 지니게 될 수도 있다.

여기에 투멘이 발견하고 기술한, 그의 저서로부터 요약된 '역할 초상화'의 간단한 요약을 제시한다. 그것들은 기본적인 자기를 더 발전시키기 위해 중요한 과제의 시작점들이다. 그것들은 불변하는 것이 아니고, 개별적인 경우들에도 반드시 적용이 되는 것은 아니다. 하지만 그것들은 통계적으로 진리를 나타낸다.

형제들의 장남Oldest Brother of Brothers

- 책임과 권위를 쉽게 자기의 것으로 여긴다.
- 집단을 양육하고 돌본다.
- 충성심과 신뢰를 보답으로 받길 기대한다.
- 여자들 주위에서 예민하고 수줍어한다.
- 막내 자매들에게 매력을 느낀다.
- 동성 친구를 필요로 한다.
- 만약 통제적이지 않으면 관심 있는 아버지가 된다.

형제들의 막내 남동생Youngest Brother of Brothers

- 남자들을 따르고 의존한다.
- 자연스러운 지도자는 아니다.
- 삶의 질과 순간의 기쁨에 관심을 갖는다.
- 과학적, 기술적 혹은 예술적 분야에서 성취적이다.
- 여자들과의 관계에서 부드럽고 양보적이며, 충실하고 예측 불가능하다.
- 중요한 남성들과 접촉한다.
- 자신의 자녀들과는 보다 동료로서 관계한다.

자매들의 맏이 오빠Oldest Brother of Sisters

- 여자들과의 관계에서 잘 이해하고 감사하며 일한다.
- 리더십, 남성 우월주의, 남자 클럽, 물질주의 혹은 일에 대
  한 강박에 동기화되지 않는다.
- 삶에서 여자들을 위해 희생한다.
- 자녀들에게 관심을 갖지만 과도하게 갖지는 않는다.
- 가족에서 자기 아내를 가장 중요한 사람으로 간주한다.

자매들의 막내 남동생Youngest Brother of Sisters

- 여자들의 봉사, 보살핌, 유혹을 끈다.
- 여자들에게 매력을 끌지만 그들을 이해하지는 않는다.
- 원가족에서도 평생에 걸쳐 소중하고 특별하게 취급받는다.
- 리더십을 쉽게 떠안는다.
- 민감하지 못한 부성을 가지지만, 아내의 욕구를 충족시키
  려 한다.
- 자녀들에게는 동료와 충고자로 역할을 한다.
- 동성 친구들에게 별 관심이 없다.

독자Male Only Child

- 평생에 걸쳐 나이 많은 사람들과의 만남을 좋아하고, 그들의 지지를 원한다.
- 자신감이 있고, 아주 높은 지위에 오를 수 있다.
- 관심, 삶, 예술, 지적 그리고 문화적 교류를 즐기고, 관심의 초점이 되려 하지만 물질적이진 않다.
- 아버지로서는 동기화되어 있지 않지만 애지중지하거나 과보호할 수 있다.
- 동성 친구들보다 아버지 같은 인물들을 더 중요하게 여긴다.

자매들의 장녀Oldest Sister of Sisters

- 보살피는 자, 명령을 주는 자, 그리고 책임지는 자가 되기를 좋아한다.
- 건강이나 물보다 책임감과 힘이 더 중요한 것으로 여긴다.
- 남자에게 위협적이고, 굴복하지 않는다.
- 자녀들을 남편보다 더 중요시하고, 자녀들을 과보호하고 숨 막히게 할 수 있다.
- 동성 친구들이 중요하다.

119

자매들의 막내 여동생Youngest Sister of Sisters

- 쾌활하고 충동적이며, 변화와 흥미진진함을 좋아하고, 매력적이며 다른 여자들과 경쟁적이다.
- 인정과 찬사를 받기 위해 애쓰고, 돋보이는 것을 좋아한다.
- 다른 사람의 생각에 영향을 받기 쉽고, 위험을 감수할 수 있다.
- 물질적인 것들이 그녀의 관심을 일으킨다.
- 남자들을 끌지만 그들과 경쟁할 수도 있다.
- 엄마로서 도움이 필요할 수 있다.

형제들의 맏이 누나Oldest Sister of Brothers

- 독립적이고 강하며 남자를 잘 보살핀다.
- 삶에서 남자들이 주된 관심사이나 그들과 경쟁하지 않고, 그들의 동료 의식을 필요로 한다.
- 물질적인 것보다는 차라리 남자들을 소유한다. 그러나 소유한 것들도 잘 관리할 수 있다.
- 아이들을 보살피기를 좋아하고, 아들을 선호한다.
- 동성 친구들에게 관심을 덜 가진다.

형제들의 막내 여동생Youngest Sister of Brothers

- 남자들에게 매력적이다. 여성스럽고 우애가 있으며, 동정적이고 민감하며 재치 있다. 남자들과 오래 지속되는 관계를 맺는 것은 그녀에게 자연스럽다.
- 일이나 건강보다는 남자에 의해 더 동기화된다.
- 남편에 의해 보살핌을 받으려 한다.
- 엄마 역할을 좋아하지만, 의존적일 수 있고 매혹적일 수 있다.
- 동성 친구들에게 관심이 없다.

독녀Female Only Child

- 삶을 연장자들과 후원자들 중심으로 구성한다.
- 부(wealth)가 아닌 그들의 인정과 우선권에 의해 동기화된다.
- 엄마와 과도하게 가깝다.
- 남자들과는 버릇없거나 자기 중심적일 수 있다.
- 좋은, 신실한 아내가 된다.
- 아이들을 갖기보다는 한 아이가 되는 것을 더 선호한다.
- 집단들보다는 개인적 동성 친구들을 더 선호한다.

121

쌍둥이Twins

- 그들의 친밀도에 있어서 다른 위치들과 다르다.
- 먼저 태어난 아이가 책임자가 되고, 나중에 태어난 아이는 의존적이고 충동적이 된다.
- 서로 상대방 없는 삶은 상상하기 힘들다.
- 가족 안에서 다른 형제자매들에게 역시 그 위치들로부터 관계한다.

중간의 형제자매들Middle Siblings

- 대개는 하나의 역할이 더 강하지만, 여러 가지 역할들을 취할 수도 있다.
- 가족 안에서 무시당하는 느낌을 가질 수 있다.
- 관계의 기술에 있어서 조정자(peacemaker)로 알려져 있다.

형제자매 위치와 관계Sibling Position and Relationships

예측할 수 있듯이, 다른 형제자매 위치들은 중요한 관계들에서 모든 것들이 똑같이 독특한 방법들로 관계한다.

위계나 성(sex) 갈등이 없는 것은 두 위치밖에 없다.

• 자매들의 맏이 오빠와 형제들의 막내 여동생
• 자매들의 막내 남동생 그리고 형제들의 맏이 누나

그들의 관계는 '안성맞춤'이 될 것이다. 막내의 따르고자 하는 경향은 맏이의 이끌고자 하는 경향에 맞을 것이다. 그들은 각자 상대 성(gender) 주위에서 그들의 형성기 시절에 상당한 시간을 보냈기 때문에 그 반대 성을 자연스럽게 이해한다. 이러한 사람들은 그들의 관계 개선을 위한 노력을 덜 해도 되는 것처럼 보인다. 그들이 단순히 잘 지내려는 데 있어서는 별 문제를 만나지 않는다. 그들은 다른 사람들이 왜 그렇게 힘들어하는지를 잘 이해할 수 없다. 몇 가지 중요한 이유들이 다음에 나온다.

네 가지 관계에는 **부분적 성 갈등**(partial sex conflict)이 있다. 짝 중 한 사람이 자랄 때 반대 성(sex)의 형제자매와 관계 경험이 없는 경우이다. 그 사람은 동성의 성인 관계를 필요로 할 것이지만, 배우자는 그것을 필요로 하지 않기 때문에 이해하지 못할 것이다.

• 자매들의 맏이 오빠와 자매들의 막내 여동생
• 자매들의 막내 남동생과 자매들의 장녀

- 형제들의 장남과 형제들의 막내 여동생
- 형제들의 막내 남동생과 형제들의 맏이 누나

비록 갈등으로부터 완전히 자유로울 수는 없지만 상대방이 자기를 이해하는 것보다는 자신이 상대방을 더 잘 이해한다. 이 관계에서는 다루어야 할 위계적 갈등이 없다.

네 가지 관계가 위계적 혹은 성적 갈등(rank or sex conflict)을 내포한다.

- 자매들의 맏이 오빠와 형제들의 맏이 누나
- 자매들의 막내 남동생과 형제들의 막내 여동생
- 형제들의 장남과 자매들의 막내 여동생
- 형제들의 막내 남동생과 자매들의 장녀

그들은 성(gender) 혹은 위계 중 한 영역에서 합류점이 있지만, 다른 부분에서는 없다.

네 가지 관계는 위계 그리고 부분적 성 갈등(rank and partial sex conflict)을 내포한다.

- 자매들의 맏이 오빠와 자매들의 장녀

- 자매들의 막내 남동생과 자매들의 막내 여동생
- 형제들의 장남과 형제들의 맏이 누나
- 형제들의 막내 남동생과 형제들의 막내 여동생

세 관계는 완전한 위계 및 성 갈등(complete rank and sex conflict)을 내포한다.

- 형제들의 장남과 자매들의 장녀
- 형제들의 막내 남동생과 자매들의 막내 여동생
- 독자 혹은 독녀

이러한 위치들에 있는 사람들 사이의 관계는 반대성과 성장기에 형제자매 경험이 거의 혹은 전혀 없기 때문에 상대방을 쉽게 이해하지 못한다. 또한 그들의 형제자매 구조에서 위계가 똑같다. 맏이는 상대방이 따르기를 요구할 것이고, 상대가 따르지 않을 경우는 충격을 받을 것이다. 막내들은 리더십을 구할 것인데, 둘 중 누구도 알지 못하고 또 발휘할 수도 없다. 그들은 리더십에 있어 어려움을 더 많이 경험할 수 있지만, 그것을 개선하기 위해 노력함으로써 안정적이고 만족스런 관계를 여전히 가질 수 있다.

관계 패턴과 형제자매 위치의 결합
Relationship Patterns and Sibling Position Combinations

우리가 형제자매 위치와 관계에 관한 가족체계에 대해 생각하기 시작할 때 무엇을 배울 수 있을까?

관계 패턴이 취하는 독특한 풍취는 그들의 가족 구성에서 구성원들의 성(gender)과 위계에 의해 영향을 받는다.

맏이들은 마치 막내들이 과소기능할 위험이 있듯이 과대기능할 위험이 있다.

가족상담가들에 의해 자주 주목되는 바, 두 맏이들로 이루어진 배우자들은 갈등을 경험하기가 아주 쉽다.

막내들은 싸우기보다는 굴복하고, 따라서 그들은 결혼에서 결단력의 부족으로 모든 것을 똑같이 허둥거릴 것이다.

또한 막내와 맏이의 결혼은 과대기능하기/과소기능하기의 호혜적 관계로 치닫게 될 경향이 높은데, 맏이는 지배적 위치에서, 막내는 물론 받아들이는 입장에 서게 된다.

외동들은 그들의 관계에서 그들의 배우자들이 편하게 느끼는 것보다 더 거리를 (더 '혼자'의 시간을 필요로 하여) 둘 것이다. 그들은 서로 연결감을 느끼기 위해서 다른 사람들보다 더 많이 노력해야 할 것이다.

모든 것들이 똑같지 않다는 것은 어떤 것일까
How Is It That All Things Are Not Equal?

이러한 놀라운, 그리고 유용한 연구 결과들이 보웬 가족체계 이론의 나머지와 어떻게 접합이 될까?

우선 보웬이 초기부터 인식하였듯이, 이 정보는 이론을 완성시킨다. 그것 없이는 보웬의 이론에 매우 큰 구멍이 있을 것이다. 더욱이 이론적 데이터와 연구 데이터가 몇 가지 흥미로운 방법으로 완벽하게 조합을 이룬다.

더 나아가 투멘은 그의 연구가 자주 통계적으로, 그리고 집합적으로는 적용되지만 반드시 연구하의 독특한 사례에 다 적용되는 것은 아님을 언급했다. 그의 '모든 것이 똑같이'라는 구는 이러한 의미에서 사용되었다. 그러면 우리는 예외들을 어떻게 설명할 것인가?

어떤 것들은 똑같은 경우가 드물다. 가족투사과정이 똑같지 않기 때문에 어떤 사람들은 그들의 가족으로부터 다른 사람들보다 더 성숙하여 높은 수준의 분화를 나타낸다. 척도의 높은 쪽 끝의 사람들은 강점이 더 많고 약점은 더 적으므로, 그들의 형제자매 위치의 전형적인 것이 덜할 것이다. 낮은 쪽 끝의 사람은 그 반대가 될 것이다. 그들은 형제자매 위치의 전형에 의해 쉽게 묶여 버린다. 이러한 방법으로 형제자매 위치의 연구가 보웬 이론의 나머지 관점을 통해서 보일 때, 우리는 그 연구가 개인적 사례들에 있어서 적용이 될지 안 될지를 깨닫게 된다.

형제자매 위치의 묘사는 자신의 변화를 위한 작업을 시작함에 있어서 여러 가지 중 단지 하나의 출발점이다. 자기의 분화는 우리가 우리 안에서 발견할지도 모르는 형제자매 위치의 약점들, 가족 세대 역사, 또는 다른 어떤 약점들을 극복하려는 노력을 어떻게 하는지를 보여 주는 것이다. 동시에 그것은 우리 자신의 강점들을 극대화하는 법을 가르쳐 준다. 보웬과 투멘의 업적은 함께 합쳐져 다른 어떤 방법으로도 얻을 수 없는 인간의 기능하기에 대한 하나의 그림을 완성시켜 준다.

코칭에 있어서In Coaching

치료사들은 내담자들이 투멘의 책을 접할 때 놀라는 반응을 자주 접한다.

> "어떻게 저를 한 번도 만난 적이 없는 사람이 그렇게 완벽하게 저를 묘사할 수 있을까요?"

이것은 새로운, 그리고 고양된 노력을 향한 문을 열게 한다. 형제자매 위치 정보는 확실히 한 사람으로 하여금 자신에 관해서 가질 수 있는 (가질 필요가 있는) 몇몇 질문들에 대한 대답을 찾기 위해 원가족으로 되돌아가게 한다.

코칭을 위해 형제자매 위치는 우리 자신들의 가족 관계뿐만 아니라 우리와 함께 앉아 있는 가족들을 이해하는 데 있어서 또 하나의 퍼즐 조각이다. 잘 진행되지 않는 관계의 아픔을 제거 하기 위해 필요한 것은, "그는 단지 막내처럼 행동하는 것이다." "나와 그 사람은 단지 맏이기 때문에 나는 이 사람과 일일이 맞 설 필요가 없어!"라는 것을 깨닫는 것이다. 그래서 형제자매 위 치를 이해하는 것은 관계의 문제를 덜 개인적으로 받아들일 수 있는 또 하나의 방법이 된다.

형제자매 위치가 하나의 역할을 하여 고착된 관계 패턴을 다룸 에 있어서 사람들로 하여금 어떻게 그 위치들이 관계의 결합들에 서 함께 작동하는지를 이해하도록 돕는 것은 매우 유용하다.

조직들에서In Organizations

사람들은 확실히 자신들의 형제자매 위치의 장점과 단점들을 그들의 조직에도 가져온다. 추가적으로 그들은 조직에 의해 한 형제자매 위치와 매우 비슷한 것과 같은 기능적 위치에 놓이도 록 압력을 받을 수 있다. 학위, 경험 그리고 자격들은 한 사람을 조직에 들어오도록 하는 데 도움이 될 수 있다. 그러나 그곳에 한번 들어오게 되면, 그 체계는 가족이 그러는 것처럼 정서적으로 행하게 된다. 그곳에서 가장 오래 있어 온 사람은 흔히 가족에서의 맏이처럼 행동한다. 가장 최근에 들어온 사람은 막내들처럼 취급을 받음으로써 무엇을 해야 할지 지시받고, 마치 그들은 아무것도 모르는 것처럼 취급받기도 한다.

　매우 미성숙한 집단은 새로 들어온 사람을 실제로 잔인함으로 대하기도 한다. 이 현상은 야생에서 젊은 수컷 영장류가 새로운 집단 안으로 이주하여 들어왔을 때 관찰된다(어떤 종들에게서는 이것이 표준이다). 처음에는 이주자를 의심의 눈초리로, 거친 놀이로, 혹은 심지어 폭력으로 취급한다. 인간 사회는 더 불안해하는데, 때로는 다양한 교육 기관들에서 신입생들을 집단폭행하는 등의 범죄 형태를 취한다.

　높은 수준의 집단은 심지어 불안한 때조차도 새로 들어온 사람들을 그보다는 더 잘 대할 수 있는데, 물론 지도자로부터의 격려가 그러한 문화를 가져오는 것을 돕는다. 예를 들어, 방문자들을 환영하지 않는 교회 신자들은 단지 그들이 하고 싶은 대로 한다(원칙에 입각해서가 아닌, 감정적으로 행동한다). 한 집단이 성장하려면, 혹은 단순히 기능을 더 잘하려면 높은 수준의 행동에 대한 코칭을 필요로 할 것이다. 더 잘하는 것은 흔히 더 기본적 자기(basic self)로부터 행동하므로, 반직관적인 것이다.

　대부분의 경우, 리더십이 맏이들이나 외동들의 몫이 된다는 사실은 다른 형제자매 위치에 있는 사람들이 지도자로 잘 기능할 수 있는 것을 배울 수 없다는 것을 의미하지는 않는다. 반대로, 자기의 분화는 리더십을 성장시키는 방법과 다른 관계의 딜레마를 극복하는 방법을 보여 준다.

관계와 삶에서 기능하기를 개선시키려 노력하는 치료사, 지도자, 부모 혹은 그 외의 어떤 사람이든지 모두에게 형제자매 위치에 대한 지식은 매우 소중하다.

먼저 그것은 자신의 가족 관계에서 기능하기를 개선시킨다. 한 사람이 자신의 (뿐만 아니라 모든 타인들의) 형제자매 위치를 더 잘 이해하면 사람들 가운데 다양함에 대한 시각이 놀랍게 열리게 될 것이다. 이것은 가족 안에서 자신뿐만 아니라 다른 모든 사람들에 대해, 그들의 모든 약점들과 장점들 가운데서도 상당한 관계 발전을 도우면서, 새로운 관용이 생기게 한다.

그러한 일이 생기게 되면, 한 사람이 그것의 한 부분인 모든 체계 안에 파급 효과가 생기게 된다. 만약 우리가 어떻게 현재의 내가 되었는가에 대한 이해를 더 잘하면 할수록 어떤 특정 기질에 대한 반동을 더 줄일 수 있다. 부모는 더 나은 부모가 될 수 있다. 코치들은 다른 사람들의 패턴들에 더 관용적이 되는 자신들을 발견할 것이다. 지도자들은 보다 저효율적인 지도자들이 될 것이다.

자신을 이해하고 변화시키기 위한 작업을 위해, 그리고 타인을 이해하기 위해 (그리고 변화시키려 하지 않고) 사용되는 형제자매 위치에 대한 지식은 우리의 목적들을 달성하는 데 있어서 최대의

방해물들 중의 하나, 즉 관계의 걸림돌을 제거하는 데 도움이
된다.

사회적 정서과정

"사회 안에서의 정서적 문제가 가족 안에서의 그것과 유사하다는 증거들이 증대되었다. 삼각관계는 모든 관계들 안에 존재하고, 그것은 한 가족이 만성적이고 지속적인 불안에 처하게 될 때 그 가족은 지적으로 정해진 원칙들과 접촉을 잃어가기 시작하여 그 순간의 위기를 무마하기 위해 정서적으로 정해진 결정들로 점점 더 돌아가게 된다는 조그만 단서이다. 이 과정의 결과들이 증상들로 나타나면 결국은 낮은 수준에서 기능하기로 퇴행하게 된다… 똑같은 과정이 사회에서도 일어난다… 우리는 사회적 불안이 고조되는 시기에 있다. 사회는 순간의 불안을 무마시키기 위해 정서적으로 정해진 결정들로서 이에 반응한다… 이 결과는 임시방편의 법률을 더 만들고, 그 결과 더 문제를 고조시킨다. 그 순환은 계속 반복된다. 마치 우리가 부르는 정서적 질병이라는 상태로 가족이 가게 하는 비슷한 순환과정을 밟는다."[1]

Murray Bowen, 1975

앞서 가족 안의 삼각관계들이 강화되고 세워지며 연동됨에 따라, 결국은 그것들이 가족 밖의 기관들, 기구들 그리고 친구 체계들을 포함한 네트워크들로 확장되어 나간다. 1960년대에는 사회 안의 불안이 고조되어 도시들과 대학들 안에서 질서가 무너졌다. 아이들이 가출을 하고, 히치하이킹을 하면서 나라를 가로질러 다니고, 마약에 찌든 무책임한 삶의 양식을 습득하게 되었을 때 가족 그 자체가 무너지는 것처럼 보였다.

　보웬은 그의 이론에 사회적 퇴행이라는 하나의 새로운 개념을 추가함으로써 반응했다. 그것은 사회가 역사적으로 다른 시대에 따라 다소 불안하고, 질서 있고, 조직적이라는 것을 기술했다. 이러한 사회적 퇴행의 시대에는 모든 사람들 안에서 더 많은 불안이 있고, 이 불안은 혼동과 무책임한 행동을 일으킨다. 차례로 혼동과 무책임성은 더 많은 불안을 야기시키고, 이는 사회에서 더 많은 문제들을 일으키고, 이러한 악순환은 고조된다.[2]

　많은 사람들은 사회적 퇴행의 존재 혹은 부재에 관하여 마찰을 일으키는 주제들에 관해 생각하지 않기를 선호함으로써 부정의 상태에서 사는 것처럼 보인다. 보웬 이론은 판단을 내리거나 행동을 개시하기 전에 사실을 파악하는 것의 중요성을 강조한다. 이제 우리가 살고 있는 사회에 관한 몇 가지 사실들에 대해 살펴보자.

우리 사회의 몇 가지 사실들Some Facts of Our Society

　1940년에 캘리포니아에 있는 교사들을 대상으로 이루어진 여론 조사에서 그들이 직면하는 가장 성가신 문제들이 무엇인지를 물었다. 그 결과는 다음과 같았다.

- 말하기
- 껌 씹기
- 소음 내기
- 복도에서 뛰어다니기
- 줄 안 서기
- 부적절한 옷 입기
- 쓰레기통에 종이 안 집어넣기

50년 후인 1990년에 그들은 다시 여론조사를 받았다. 이번 답들은 꽤 달랐다.

- 약물 남용
- 술 남용
- 임신
- 자살
- 강간
- 도둑질
- 공격

만약 학교들이 지표가 된다면, 우리 사회는 50년 만에 상당히 달라졌다. [3)]

또한 1963년과 1993년 사이에 범죄율이 360% 증가한 것,

청소년 범죄가 200%, 십대 임신이 600%, 그리고 십대 자살이 300%까지 증가한 것(사고 다음으로 이제 십대 사망의 두 번째 가장 중요한 요인이 된)을 고려해 보자. 십대의 5명 중 1명이 자살 시도를 하고, 편부모가 300%나 증가하고, SAT 성적이 7%나 저하되고, 마약 사용은 1,000%나 증가되었다.[4]

1991년에는 어린이의 60% 이하가 친부모와 살고 있었다. 어린이의 50% 정도는 편부모 집에서 살고 있었다. 그 이후에 거의 또는 전혀 변화가 없다. 가족의 해체는 예외보다는 더 규칙이 되었다. 미국 아기들의 30% 정도가 혼외관계로부터 태어난다. 한 사회가 그 사회의 가족이 안정적인 만큼 안정이 된다는 사실에 비추어 보면, 우리 사회는 확실히 문제 가운데에 있다.[5]

1999년에 유로폴(Europol)의 유럽 경찰 병력의 정보 요원인 클라우스 슈미트(Klaus Schmidt)는 한 국제회의에서 조직화된 범죄의 힘과 활동의 크기가 문제에 대해 의미 있는 방법으로 대처할 수 있는 경찰의 능력을 빠르게 초월하고 있다고 말했다. 그는 조직화된 범죄가 빠른 시간 내에 유럽을 통제할 수 있다고 경고했다.[6]

자연에서의 퇴행Regression in Nature

인간 아닌 자연의 세계에서 퇴행의 기간들은 잘 알려져 있지 않다. 제인 굿올(Jane Goodall)은 곰베이(Gombe)에서 그녀가 관찰한 침팬지들 가운데 그 집단 안의 장성한 수놈들 사이에서 혈투가 벌어졌을 때 두 집단의 융합 이후 기간들에 대해 기술했다.[7]

프란스 드발(Frans deWaal)은 안헴 동물원(Arnhem Zoo)에서 그가 연구한 침팬지들 가운데 리더십 도전의 결과가 의문에 놓였을 때 무질서한 행동을 보인 것을 보았다.[8]

존 칼훈(John Calhoun)은 쥐(rats)와 생쥐(mice)를 NIH(National Institutes of Health)에서 연구하였다. 그는 개체 수가 일정 지점 이상 초과하여 혼잡하게 되었을 때 이상한 행동을 하는 많은 증거들이 있었음을 주목했다. 어미 쥐들은 보금자리를 어떻게 만드는지를 잊어버렸다. 수놈들은 보금자리 '지키기' 행동을 포기해 버리고 측면에 앉아 응시하고 있었다(칼훈은 그들을 '술집 귀신'이라고 불렀다). 이전에는 알려지지 않았는데, 동성애적 행동이 개체 수가 과밀해지는 기간들 동안에 일어났다.[9]

퇴행의 원인들Roots of the Regression

인간의 사회들에서 불안의 근저에는 무엇이 있으며, 무엇이 사회적 퇴행을 일으킬까?

제안된 몇 가지 해답은 다음을 포함한다. 인구의 과밀도(특히, 도시에서), 대량 살상 무기에 의한 전멸, 경제적 불평등, 경제적 불안정, 도덕적 원칙의 상실, 함께 살려고 노력하는 다양한 문화들, 감각을 압도시키는 기술적 진보, 미디어, 서구 문명을 파괴하기로 공언한 목적을 가진 '프랑크프루트학파(Frankfurt School)', 사람들로 하여금 자신에 대해 덜 책임지게 만드는 것, 그리고 과도한 세금 부과.

저자에게 관심을 불러일으킨 또 하나의 사회적 요인은 사회적 퇴행을 증가시키는 (그것을 조장시키지 않는다면) '돕는' 전문가들의 역할이다.

돕는 전문가들의 역할The Helping Professions' Role

치료 전문가들의 아이디어가 대중화되어 왔고 사회에서 매우 강력한 힘을 가지게 되었다.[10] 인간의 행동에 관한 전통적 이론과 사회적 퇴행이 어떻게 일치하는지에 대한 다양한 보기들이 있다. 네 가지만 간략하게 살펴본다.

- 자녀 양육하기에 있어서의 허용(permissiveness)
- 쾌락원칙
- 성의 혁명
- 부모 비난하기

첫째는, 자녀 양육하기에서의 '허용(permissiveness)'이다. 허용이라는 단어 자체는 부모들이 아이들로 하여금 진정으로는 아이들이 하기를 원치 않는 것들을 하도록 허락하는 것을 함축한다. 이런 일이 일어나면 아이들은 부모들보다 자신들이 가족을 통제하게 된다. 아이들은 아직 그들의 가족들을 통제하기에 준비되지 않았고, 또 원치 않는다. 부모들 역시 아이들이 그렇게 하기를 원치 않는다. 하지만 아이들의 마음을 다치게 하면 어쩌나라는 두려움과 치료 전문 분야의 반권위(anti-authority)의 추세는 부모들로 하여금 그들 자신의 가족들 안에서 리더십 역할을 감당하는 것에 불확실과 불능을 남겼다. 이 현상은 모두에게 불안을 일으켰다. 우리가 살펴본 대로 불안이 단기간보다 더 길게 고조되면 한 가족은 퇴행을 향해 가는 길로 접어들 수 있다.

허용이 사회 전반의 한 기풍으로 신봉될 경우, 판사들, 교사들, 교육자들, 성직자들 그리고 리더십 역할을 하는 모든 사람들이 효과적으로 지도하는 것에 불확실과 불능을 경험하게 될 것이다. 그들의 불확실성은 모든 실천적 목적들에 대해 무책임함이 될 것이다. 사회의 리더십이 불확실하게 되고, 무책임하게 되고, 입장을 취할 수 없는 불능의 상태가 되면, 그 사회는 퇴행을 향해 나아가게 된다.

또 하나의 치료 전문 분야의 퇴행적 주의(tenet)는 '쾌락원칙(pleasure principle)' 주의이다. 만약 한 사람의 생에서 주된 목적이 쾌락을 찾고 고통을 피하는 것이라면, 다른 시대에서 소중하게 여겨져 왔던 성숙하고 정서적인 삶의 원칙들, 이를테면 헌신, 정직, 종교적 가르침, 그리고 심지어 가족 그 자체의 중요성 등이 측면에 의해 퇴색한다. 장기적으로 가족을 위해 최선의 무엇인가를 한다는 것은 항상 순간적으로 쉽거나 즐거운 것은 아니다.

올바른 선택을 하는 것은 종종 고통을 수반한다. 그러나 만약 한 사람의 삶의 주된 지침이 쾌락원칙이라면, 그래서 한 사람의 배우자가 쾌락을 가져다주지 않는다면, 그 사람을 버리고 쾌락을 줄 수 있는 다른 사람을 찾게 된다. 물론 이 가르침은 사회의 가장 기초적 기구인 가족에 큰 파란을 가하게 된다. 하지만 사실상 불행하게 결혼했지만 그 결혼 관계에 함께 머문 86% 부부는 5년 이후에 그들의 결혼 생활이 더 행복하게 되었음을 발견한다. 그리고 그들의 결혼이 '매우 불행'하다고 묘사하였지만, 그럼에도 불구하고 함께 유지한 사람들의 3/4이 5년 후에 그 결혼이 '매우 행복' 혹은 '꽤 행복'하다고 보고했다. 이것은 영구적 결혼의 불행이 놀랍게도 그 결혼을 견뎌 낸 부부들 가운데서는 드물다는 것을 의미한다.[11] 하지만 쾌락원칙에 의해 안내된 치료사들 모두는 만약 배우자들이 '행복'하게 보이지 않으면 너무 쉽게 결혼의 해체를 옹호해 왔다.

가족과 온갖 종류의 성적 활동에 조숙하게 빠진 십대들의 삶에 너무나 파괴적인 영향을 준 성적 혁명(sexual revolution) 역시 치료 전문 분야에 그것의 뿌리를 두고 있다. 치료 분야의 방향을 이끌고 그 세력을 형성한 프로이트는 모든 개인의 발달과 동기화적 동력을 성(sexuality)에 기초했다. 억압된 성에 대한 아이디어로 그는 성적, 사회적 관습을 변화시킴에 있어서 킨제이(Kinsey)의 매우 영향력 있는 행적의 사기성 사고의 기초를 닦았다. 킨제이는 전문 분야와 대중에게 가짜 데이터를 주입하는 것[12]에 불만족하여 학교들에서 자신의 독특한 브랜드의 성교육을 확산시켜 나갔다. 그의 성교육은 한 가지 의제를 가지고 있었는데, 그것은 성적 성향과 행동이 성숙하고 돌봄을 제공하는 부모들에게 아무리 이상하고 수용되지 않더라도 정당화하는 것이었다. 프로이트와 킨제이는 함께 성적 혁명을 통해 서구 사회의 성적 행동과 태도를 변화시키는 데 믿기 힘들 정도로 강한 영향력을 끼쳐 왔다.

부가적으로, 치료 전문 분야들은 개인들의 정서적 질병을 부모들의 탓으로 돌리는 경향성에 의해 특징지어져 왔다. 사람들이 아프거나 증상을 보이게 되면 어떠한 방법으로든지 부모들이 비난을 받았다. 이것은 가족들에게 매우 파괴적인 영향이었고 또 지금도 그런데, 이것은 부모들로 하여금 방어적이게 만들고, 가족의 지도자로서의 역할에 대해 혼란스럽고 부적절하게 느끼도록 만든다. 그러나 치료사들은 우리 모두가 그것의 한 부분인 다세대 과정을 보기 시작할 때 비난 요인들을 제거하고, 부모들과 다른 사람들에게 우리들의 가족들 안에서 자신을 변화시키는 실제적이고 효과적인 방법을 이해하는 길을 열어 준다.

퇴행과 가족Regression and the Family

사회적 퇴행이 가족에게 어떻게 영향을 미칠까?

하나의 기관인 가족은 지금과 같은 사회에서의 퇴행 시기에 잘 지내지 못한다. 개별적 가족들도 역시 마찬가지다. 사회적 퇴행에 의해 가족이 영향을 받는 여러 방법들 중 몇 가지는 다음과 같다.

1. 사회적 관습이 반가족적 윤리로 변했다.
2. 사회적 불안이 관계를 지속시키는 것을 더 어렵게 만든다.
3. 아이를 키우는 것이 새로운 위험들(섹스, 마약, 폭력) 때문에 더 어렵다.
4. 맞벌이 가족이 아이를 양육하는 것에 한계를 가한다.
5. 무책임이 규범화되면서 부모들은 입법자들처럼 단기적 조치를 취하면서 문제가 사라지기를 바란다.
6. 확대가족은 흔히 멀리 떨어져 있고(지리적으로 그리고/혹은 정서적으로), 핵가족의 성장을 지원하기 위해 중요한 자원들을 조달하지 못한다.

부가적으로, 사회에서 가족이 덜 중요시됨에 따라 군대, 사업 그리고 다른 기구들은 핵가족들을 빈번히 이주시켰다. 우리 사

회에서는 핵가족을 지원하고 돕는 데 있어서 확대가족의 중요
성에 대해 생각하지 않고 있다.

사회적 이슈로서의 단절Cutoff as a Societal Issue

심지어 외부의 압력이 세대를 갈라놓지 않을 때에도 가족들
은 (지속적인 연결의 중요성을 잘 이해하지 못하고) 그들의 확대가족들로부터
자신들을 지리적으로 그리고 정서적으로 이동하여 나간다. 종
종 이것은 고령의 세대를 '중심부' 안으로 고립시키고 연결되지
않음에 의해 일어난다. 무슨 형태의 단절이든지 그 단절이 증상
을 일으킬 가능성은 매우 크다. 사회에서 그리고 이어서 가족들
안에서 불안이 증가하게 되면 단절이 더 자주 일어날 것이 예상
되고 가족들이 직면하는 문제를 더하게 되는데, 이는 단절에 따
라다니는 고조된 불안으로부터, 그리고 잘 기능하는 확대가족
이 제공하는 자원의 부족으로부터 비롯된다.

사회가 불안하기 때문에, 그리고 불안이 전염되기 때문에 가
족들은 더 불안하게 된다.

퇴행과 조직들Regression and Organizations

퇴행은 조직들에게 영향을 미칠까? 그 증거는 매일의 뉴스에서 나타나는데, 가족에게 부정적으로 영향을 주는 모든 퇴행적 경향들은 모든 조직들, 심지어 교회들에게도 역시 영향을 미친다.

높은 수준의 불안 때문에 조직들 내부의 관계들은 더 어려워지고, 사람들은 그 불안을 서로에게, 그리고 그들의 지도자들에게 전가하는 것처럼 보인다.

조직들 안에서 혼란의 예로는 적대적 매수(buy-outs)와 취득(take-overs)을 들 수 있다. 조직들이 고용인들과 직원들에게 비금전적 혜택들을 사 줌으로써 과대기능하다가, 이러한 혜택들을 다 감당할 수 없다는 것을 발견하고는 갑작스러운 삭감으로 그들을 단절시키는 것이다.

우리 문화의 중심부였던 많은 교단들이 쇠태하고 있다.

교단의 위계에서 직원들은 그들의 역할이 진정으로 무엇인지 확실히 알지 못하게 되었다. 감독(bishop)의 역할이 목사들의 목사였던 것에 반해, 저자가 자주 듣기로는 감독들이 목사에 반대하여 지역 교회들의 불안한 미성숙한 사람들의 편들기를 한다.

교단들은 그들이 무엇을 위해 일하는지, 그들이 무엇을 믿는지, 혹은 그들의 임무가 무엇인지 잘 알지 못한다.

우리는 이와 같은 현상들을 우리 사회의 모든 조직들 안에서
발견할 수 있다.

또 하나의 악순환 Another Vicious Cycle

한 체계 안에서 불안이 고조될 때 사람들은 그들이 항상 하던
것들(그들의 연합을 온갖 패턴과 제세를 가지고 증가시키면서)을 더 하게 되므로
악순환을 일으키게 된다. 우리는 이러한 현상을 보웬 이론의 여
러 개념들을 살펴보면서 몇 차례 보았다.

한 관계체계 안에서 시작된 퇴행은 한 관계체계 안에서 해결
될 수 있다. 사회에서 가장 단순한 수준에 있는 퇴행에 대해 생
각해 보기 위해 보웬이 처음으로 그것을 보았던 인간 가족 안의
퇴행적 정서과정을 다시 한번 살펴보자.[13] 간단히 기술하면, 한
가족이 만성적 스트레스 유입의 초과 적재에 노출되면 그 가족
의 불안 수준이 증가된다. 가족은 지적으로 정해져 온 원칙들과
접촉을 잃게 된다. 그 이후 곧 한 사람 혹은 그 이상의 구성원들
이 증상들을 발전시키는 것이 보인다. 이러한 증상들은 신체적,
정신적/정서적 혹은 사회적인 것이 될 수 있다.

초기에는 가족이 증상을 무시하거나 단순히 당면한 문제를
해소하기에만 충분하게 행동할 수도 있을 것이다. 그러고는 문
제가 해결되었다고 간주할 것이다. 그들은 일상적으로 또 하나

의 심각한 증상이 나타날 때까지 계속할 것이고, 그 문제를 해소하기 위해 또 하나의 피상적 노력을 하게 될 것이다. 그러나 증상들의 발전은 가족의 불안 적재를 가중시킨다. 이것은 그런 다음 불안을 증가시키고, 그런 다음 증상들의 숫자와/혹은 심각성을 증가시킨다. 악순환이 시작되어 그 자체를 시간이 지남에 따라 영속화한다. 그 악순환을 반복하는 과정은 '지푸라기 하나가 낙타의 등을 부러지게 하는' 마지막까지 반복한다. 한 사람 혹은 더 이상이 극적인 증상들을 발전시킨다. 이것은 예상치 못하게 발전한 것으로 보인다. 마지막 결과로 가족은 기능하기의 낮은 수준으로 퇴행하게 된다.[14]

가족 퇴행의 해소Resolution of a Family Regression

우리가 다양한 보웬 이론을 검토해 봄에 따라 분명해지는 한 가지 사실은 사람들이 그들의 체계 안에서 직면하는 많은 관계의 곤경으로부터 벗어나는 길은 한 사람이 자신의 정서적 반동을 진정시키고, 체계들을 생각하기 시작하고, 패턴화된 위치들(그리고 연합성으로부터)로부터 벗어나고, 원칙에 입각하여 자신의 입장을 취하는 것이다. 이것은 자기 자신을 위한 하나의 도약이고, 그 도약이 일어남에 따라 전체 체계의 한 도약이 되는데, 그 이유는 한 사람이 더 나은 수준의 기능을 할 수 있게 나아갈 수 있으면 중요한 타인들로 따르게 되기 때문이다.

한 가족이 퇴행의 하향 소용돌이에 걸리게 되면, 한 부모는 결국 자신을 위해 더 높고 더 나은 기능하기를 위한 입장을 취해야만 한다. 보웬 이론에서 이것은 '나 입장(I position)'이라 불린다. 그것은 "나는 더 이상 무책임한(의존적인, 증상적인, 퇴행적인) 행동을 지지하지 않을 것이다. 이것은 내가 믿는 것이다(여기 있는 모두는 더 잘 기능할 수 있다). 그리고 이것은 미래에 당신이 나로부터 기대할 수 있는 것이다."라고 말한다. 이것이 일어나게 될 때, 다른 사람들은 따르게 되고 퇴행은 끝이 난다([보기 19] 참조).

부모, 코치 그리고 지도자들은 변화를 일으킬 수 있다
Parents, Coaches and Leaders Can Make a Difference

퇴행적 압력의 거대함과 기세를 고려할 때, 생각하고 책임 있는 사람들이 변화를 일으킬 수 있는 어떤 방법이 있을까? 물론, 그 안에서 아무도 다른 누구에게 우리 자신들을 발견하는 사회적 퇴행의 거대한 조수의 면전에서 특별히 무엇을 하라고 말할 수 없다. 그러나 가족체계의 연구가 우리에게 주는 가르침은 어떤 수준의 사회에서든 사람들은 그들 주위의 사람들에게 영향력을 가질 수 있다는 것이다. 부모들은 자녀들에게 영향을 준다. 친구들은 친구들에게 영향을 준다. 배우자들은 서로에게 영

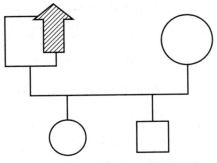

[보기 19] 한 구성원이 입장을 취하기

향을 준다.

리더십의 책임이 크면 클수록 일반적으로 사회에 미치는 영향이 물론 더 크다. 교사, 의사, 치료사, 성직자, 변호사, 판사, 경찰, 정치가 등 사회의 지도자들은 광범위한 사회에서 수많은 사람들에게 영향을 미친다. 그러나 어떠한 수준의 영향 혹은 리더십이든지 우리 모두에게 이 논의에 입각하여 몇 가지 원칙을 제시한다.

1. 어떤 시점에서 **사실을 파악하고 변화를 일으켜라.** 만약 사회적 퇴행이 가라앉으려 하면 사람들은 부정(denial)으로부터 벗어나 사회에서 진정으로 무엇이 일어나고 있는지를 파악하기 시작해야 한다. 진실은 우리로 하여금 일어나고 있는 것의 의미를 깨닫게 도움으로써 혼란을 덜 개인적으로 받아들이게 한다. 이것은 사실 파악을 위해 책을 읽는

것과 일상의 미디어 밖의 자원들을 탐색하는 것을 의미한다. 큰 그림을 그리는 것, 즉 모든 사실들을 파악하기 위해서는 텔레비전에 소모할 시간이 거의 없다.

2. 가족들과 조직들 안에서 '체계적 사고를 하는' 것을 배우라. 고조된 불안의 영향 아래에서 사람들은 대개 '큰 그림'을 보거나 '체계를 생각'하는 것을 하지 못한다. (오히려 그들은 '원인과 결과'를 생각함으로써 비난을 퍼붓는다.) 그것은 자기 자신에 대한 작업을 요구하지만 시간을 가지고, 연습을 하고, 코칭을 받고, 똑같은 노력을 하는 사람들에게 자신을 노출하게 되면 더 쉽게 이루어질 수 있다. 만약 내가 이론을 알면 그것을 사용할 수 있고, 만약 모르면 사용할 수 없다.

3. 사회가 지시하는 것보다는 자신의 안내 원칙을 명확히 알고 그 원칙에 따라 생각하는 것을 배우라. 예를 들어, 만약 한 사람이 가족이 중요함을 믿는다면 그는 이미 사회가 지시하는 전부는 아니더라도 많은 것에 대해 반대 입장에 설 수 있을 것이다.

4. 조심스럽게 고려한 후 입장을 취하고 문제들을 원칙에 근거하여 설명하라. 사실에 대한 명료성으로, 또한 과정에 대한 가능한 한 많은 정보를 가지고, 그리고 자신의 최선의 원칙에 안내되어 입장이 최종적으로 취해져야만 한다. 퇴행의 하향 소용돌이에 걸린 한 가족의 경우, 한 부모는 결국 자신에 대해 더 높게, 그리고 더 잘 기능하기 위해 하나

149

의 입장을 취해야만 한다. '나 입장'을 취하고, 자신을 명확하게 정의하되 침착하게, 그리고 경청될 수 있는 방법으로 하라.

사회에서 입장을 취하기Taking a Stand in Society

한 가족을 퇴행으로부터 벗어나게 끌어올리도록 도운 똑같은 원칙들이 사회에도 적용이 될까? 그것들은 확실히 조직들 안에서 적용이 된다. 그리고 그들의 사회들 안에서 입장을 취하고 변화를 만들어 낸 사람들에 관한 흥미로운 예들이 많이 있다. 여기 몇 명을 소개한다.

폴란드의 한 시장은 최근 불법적 마약을 기초로 구성된 십대들을 위한 대회(그 대회에서 십대들은 일주일 넘게 높은 '환각' 상태에 취해 있었다.)의 형태로 이루어진 퇴행적 압력에 의한 자신의 마을의 계획된 침범에 대해 "아니오!"라고 말했다. 그리고 그는 마을에서 젊은 이들을 조직하여 지역 병원을 위한 모금을 했다. 그 젊은이들과 상호작용에서 저자는 그들이 매우 높은 수준에서 기능하는 것처럼 보이는 것과 그 모금을 위한 매매에서 매우 재미있어하는 것처럼 보이는 것을 관찰하였다.

역사에 다른 예들이 있다. 잉글랜드에서 일어난 대각성 운동에서 웨슬리(Wesley) 형제와 화이트필드(Whitefield)가 그들이 이해했던 대로 기독교 신앙의 원칙에 입각하여 설교를 하였더니, 당시 형편없는 상태에까지 도달했던 사회적 퇴행이 반전되었다.[15]

미국의 두 번째 대통령이었던 존 애덤스(John Adams)는 많은 입장을 취했다. 그가 취했던 마지막 입장은 프랑스와의 전쟁을 반대하는 인기 없는 결정이었다. 그것은 그가 재선에 실패하는 대가를 치르게 했다. 그러나 그것은 당시 혁명전쟁(Revolutionary War)으로 인해 거의 파산의 상태로부터 겨우 벗어난 미국이 값비싼 전쟁에 나가지 않도록 구했다.[16]

뉴잉글랜드의 인크리스 메들(Increase Mather)이 젊은 여성들이 투옥되고 처형되었던 살렘 위치 헌트(Salem Witch Hunts)에 관해 사실을 파악하고 공적인 입장을 취했을 때, 그 공판은 조속히 종결되었다.[17]

미국-이라크 아부 가이브(Abu Ghrib) 감옥에서 일어난 남용들에 대해 단 한 사람의 젊은 남성이 폭로했을 때, 그것들은 종결되었다.

보웬의 이론에서 많은 개념들이 매우 강력하기 때문에, 전부는 아니라 할지라도 만약 그것들이 사람들의 한 결정적 무리(숫자나 퍼센트가 얼마이든지 상관없이)에 의해 채택된다면 그것은 사회에 커다란 변화를 일으킬 수 있는 것으로 보인다. 그것은 사회의 퇴행적 상태를 반전시키는 유행을 시작할 수도 있다.

다음 중 퇴행을 종결짓기 위해, 심지어 한 가지만을 하는 데 얼마나 많은 사람이 필요할까?

151

8 사회적 정서과정

- 그들의 세대들과 연결되고 모든 개인적 단절을 없애기
- 우리 사회의 퇴행의 사실들에 대해 그들을 교육하기
- 정치적 옳고 그름이나 집단 사고에 의해 안내되기보다는 그들의 안내 원칙들에 대해 명확해지기
- 주의 깊게 고려한 후 입장을 취하기
- 그들의 가족 안에서 자기 자신을 정의하기
- 걱정되어진 초점을 투사하기보다는 원칙에 의해 안내되는 부모 되기

한 사람은 몇 명이 필요할지 단지 추측만 할 수 있을 것이나, 그것은 매혹적인 질문이다. 그래서 한 사람은 어떤 시점에서 자신의 원칙에 입각하여 사실들과 과정에 대하여 체계를 생각함으로써 한 입장을 취해야만 한다.

한 사람은 우리가 살펴본 대로 거대한 변화를 만들 수 있다. 글쓰기, 말하기, 가르치기 그리고 일상적 대화들은 입장을 취함에 있어서 중요하다. 우리가 사회적 진보와 문명의 발전을 위해 사실들에 대해 파악하고, 보다 넓은 방법으로 생각하고, 그리고 원칙에 입각하여 입장 혹은 입장들을 취하는 행동을 하지 않으면, 그리고 하기 전까지는 사회에서 변화란 없을 것이다.

THE
8
CONCEPTS

꼬리말

보웬 가족체계 이론의 여덟 가지 개념들이 함께 조합이 될 때, 이들은 일관되고 응집된 조화로운 전체를 형성한다. 어떤 면에서 이 이론은 가족처럼 한 단위이다. 어떤 것들은 다른 이론들보다 더 많이 발전되었지만 필요하지 않거나 제거되어야 할 아이디어는 없다.

나는 이제 이 개념들이 어떻게 정서적 단위로서의 가족이라는 근본적인 아이디어로부터 유래되었는지 명확해졌길 바란다. 그 개념들 모두는 우리 모두가 그 안에서 성장해 온 관계체계의 가족융합들에 기초한다. 기본적인 아이디어로부터 모든 개념들이 순서대로 비롯되었고, 자기분화의 척도 역시 그렇게 발전했다.

나는 나의 다른 저서 『비범한 관계Extraordinary Relationships』[1]를 쓰면서 관계의 기능하기에 해당되는 이론의 개념들에 대해서만 쓰려고 순진하게 노력하려 했는데, 하지만 개념들은 '점착적'임을 발견하는 흥미로운 경험을 했다. 한 아이디어에 대해 쓰려고 노력하면 다른 것들이 함께 역시 딸려 왔다. 그것들은 모두 서로 간에 내연되어 있었다. 그것들 모두가 관계에 관한 것이었다.

그러나 그것들을 유효하게 하는 것은 아이디어들의 내면적 통합성만이 아니다. 완전하게 이해하려고 노력하고 사용하는 사람들의 삶의 경험 자체가 훨씬 더 그것들이 인간 경험의 정확한 그림을 만듦을 보여 준다. 그것들은 맹종적 신앙으로 받아들여져서는 안 된다. 오히려 한 사람이 이해하려 노력하고, 그런 다음 그것들을 삶에서 실험함으로써 (그 개념들을 오랫동안 연구한 코치의 소중한 도움과 함께) 그것들을 본연의 모습 그대로 보게 된다. 이 더딘, 그리고 점진적인 방법으로 그것들은 기본적 자기를 위한 안내 원칙들이 된다. 과정을 갑자기 앞당길 다른 방법은 없어 보인다.

그것들은 하나의 시작이며, 이론의 더 나은 발전을 위한 첫 발걸음을 떼는 장소이다. 예를 들어, 아홉 번째 개념의 발전은 어떨까? 보웬은 아홉 번째 개념의 추가에 대해 간략히 고려하였다. 그것을 그는 '초자연'이라고 불렀다. 그가 그 작업을 지속하지 않았던 것은 전문 분야의 격앙된 반동 때문이었다고 말했다.

그리고 그것은 공식적 가족체계 이론의 한 부분이 결코 되지 못했다. 그는 이 세대와 미래 세대의 사람들에게 몫을 남겨 놓았을까?

보웬의 목적은 결국 인간에 대한 연구를 과학의 영역으로 가져올 수 있는 이론적 뼈대를 제공하는 것이었기 때문에, 그러한 개념은 관찰에 기초한 것이어야 했을 것이다. 몇몇 사람들이 아홉 번째의 도전에 대해 흥미를 가지게 되었다. 더 주목할 가치가 있는 노력 중의 하나는 죠셉 캐롤린 신부(Father Joseph Carolin)의 것인데, 보웬 이론과 신학 사이의 교차에 관한 주제로 몇 차례의 회의를 주최했다.[2]

나에게 흥미로운 부가적 업적은 케이닉(Koenig), 마칼라(McCullough) 그리고 랄슨(Larson)의 것이다. 『종교와 건강 핸드북 Handbook of Religion and Health』은 종교적 신념과 관찰과 건강 사이의 관계에 관한 과학적 문헌에서 발견되는 수천의 연구들의 요약을 내포하고 있다.[3] 일반적으로 편집자들은 긍정적인 상호 연관성을 발견하였다. 그 책이 출판되기 이전에 랄슨 박사가 발견한 것은 종교적 봉사 활동에 참여하는 사람들이 이혼을 더 적게 하고, 결혼 관계에서 더 성적 만족감을 경험하고, 자녀들을 덜 방임하고, 중독에 덜 빠진다는 것이다.

그의 동료 데일 마태(Dale Matthews) 박사는 그들이 고혈압, 간질환 그리고 알코올 중독에 덜 걸린다는 사실을 발견하였다.

인류학자 조앤 보웬(Joanne Bowen) 박사는 종교적 신념을 가지고 있지 않은 문화에 대해 연구가 된 것은 없다고 보고했다.[4] 그 사실 하나만으로도 인간에 관한 종합적인 이론에 있어서 초자연 혹은 종교적 현상에 관한 하나의 개념을 추가하는 것이 옹호되는 것으로 보인다.

확실하게 심사숙고된(단순하게 맹목적으로 받아들여진 것이 아니라) 종교적 가르침은 기본적 자기를 위한 안내체계의 소중한 부분이 될 수 있다.

아홉 번째 이론이 이론의 공식적인 부분이 되든 안 되든 상관없이, 여덟 개념은 인간 현상에 관한 더 깊은 연구와 이해를 위한 하나의 놀라운 기여도로 그 입장을 취한다. 더 나아가 그것들은 개인적 삶의 기능 개선에 관심 있는 사람에게는 놀라운 선물이다. 이러한 방법으로 자기발전을 위해 노력한 사람들로부터 "보웬 박사님, 감사합니다."라고 감탄을 듣는 것은 이상한 일이 아니다.

이 짧은 책에서 말하지 못하고 남겨진 것이 많이 있다. 체계를 생각하기, 코칭 과정, 불안의 속성 등 많은 주제들이 더 탐색되어야 하는데, 각 주제가 그 자체에 관한 것만으로도 한 권의 책이 될 수 것이다. 더 깊은 이해를 하기 위해서는 더 많이 읽기, 교육 코스, 세미나 그리고 경험 있는 코치로부터의 코칭 등에 참여해야 한다. 개념들 그 자체는 체계를 생각하기, 과정을 보기, 불안 혹은 코칭 과정 그 자체에 대해서는 많이 말하지 않는다. 그것들은 가족 아닌 다른 상황들에 직접적 적용을 풀어내진 않는다. 다른 전문가들이 그 노력을 시작하고 있고, 나는 여기서 조금 시도했을 뿐이다.

이 책에는 예들이 거의 없다. 그러나 최선의 적용이 이루어지고 최선의 예들이 주어지는 것은 학습자 바로 자신에 의해서 된다. 그러한 것들이 가장 잘 기억된다.

이 개념들을 알고 적용하는 것에 능숙해짐에 따라 그것들에 대한 당신의 흥미는 증진되고, 점진적으로 당신은 그것들의 가치를 보게 될 것이라는 것을 명심하라. 이것은 일주일 만에 할 수 있는 공부가 아니다. 몇 년 안에 마칠 수 있는 것도 아니다. 이것은 평생의 여정이다.

이 개념들은 아주 유용하고 사용이 가능하기 때문에 보웬 가족체계 이론의 개념들을 가능한 한 쉽게 이용할 수 있도록 하는 것이 나의 목적이었다. 그것들이 우리 문화의 한 부분이 된다면, 우리 사회 전체가 여러 가지 면에서 보다 잘 기능하게 될 것임을 생각하지 않을 수 없다.

꼬리말

인간체계 연구 센터(The Center for the Study of Human Systems)
PO Box 235, Front Royal, VA 22630

길버트 박사에 의해 1998년에 설립된 이 센터의 목적은 보웬 가족체계 이론의 지식과 혜택을 가능한 한 널리 알리는 것이다. 센터는 정보를 보급하고, 부모, 성직자, 조직의 지도자들에게 리더십 훈련 세미나를 조직한다.

비범한 리더십 세미나(Extraordinary Leadership Seminars)는 보웬 이론에 기초하고 있고, 삶의 모든 중요한 관계체계들에서 개인의 기능향상 및 리더십 증진으로 안내한다.

세미나는 삼 년을 한 사이클로 한 달에 한 번(10월부터 6월까지) 하루 종일 만난다. 세미나는 길버트(Gilbert) 박사와 다른 숙련된 교수진들에 의해 진행된다. 더 자세한 내용을 위해서는 www.hsystems.org 를 방문하라.

후주

1장

1) Bowen, M. *Family Therapy in Clinical Practice*. Aronson, Northvale, NJ 1978, 1983, 1985, pp. 203, 377.

2) 체계적 사고들은 몇 가지 중요한 방법에 있어서 기존의 이론들과 대조가 된다. 이들 중 한 가지는 초점이 어디냐이다. 전통적으로 개인이 연구의 초점이 되어 왔다. 어떻게 그 사람이 아프게 되고, 무엇이 그 개인을 불안하게 하고 우울하게 혹은 화나게 하는지, 그리고 어떻게 그 개인이 이러한 현상들을 다루는지에 초점을 두었다. 체계적 사고들에서는 초점이 전체 관계체계에 있고, 어떻게 정서들이 그 체계 안에 돌아다니는지 그리고 이 과정에서 어떻게 다른 과정들 혹은 패턴들이 일어나는지에 초점을 둔다.

3) 앞의 책, 379.

4) 앞의 책, 204.

5) 앞의 책, 377.

6) Papero, D. *Bowen Family Systems Theory.* Allyn and Bacon, Boston, 1990, p. 51.

7) Bowen. Op. cit, p. 377.

8) 앞의 책, 379.

9) Gottmann, J. *The Marriage Clinic.* Norton, New York, 1999 p. 73.

2장

1) Bowen, M. *Family Therapy in Clinical Practice.* Aronson, 1978, 1983, 1985, New York, p. 472.

2) 캐트린 커는 다른 개인들에게서 다른 수준들의 기능하기를 위해, 굿올 연구 데이터에 접속을 허가받아 침팬지들에게서 증거들을 발견한다. 그녀는 이 작업에 관해 워싱턴에 있는 보웬 가족연구센터에서 수차례의 모임에서 보고하였다.

3) Bowen, M. op. cit.

4) Bowen, M. op. cit, p. 473.

5) Bowen, M. op. cit, p. 472.

6) Bowen, M. op. cit, pp. 473-474.

7) 앞의 책, 366.

8) 1987~88년에 보웬 가족연구센터(그리고 Georgetown Family Center)에서 캐트린 커가 시행한 강의에서.

9) Bowen, M. op. cit, p. 473.

10) 앞의 책.

11) 앞의 책.

3장

1) Bowen, M. *Family Therapy in Clinical Practice*. Aronson, New York, p. 373.

2) DeWaal, F. *Chimpanzee Politics*. Johns Hopkins Press, Baltimore and London, Ch's 2 and 3.

3) DeWaal, F. *Peacemaking Among Primates*. Harvard University Press, Cambridge and London, p. 42.

4) Bowen, M. op. cit, p. 479.

5) 앞의 책.

6) 앞의 책, 480.

4장

1) Bowen, M. *Family Therapy in Clinical Practice*. Aronson, New York, p. 383.

2) 앞의 책, 383.

3) 앞의 책, 382.

4) 앞의 책, 382.

5) 앞의 책, 382, 383.

6) Baker, K. *The Effects of Stalin's Purges on Three Generations of Russian Families*. Family Systems, Georgetown Family Center, Spring/Fall, 1996, Vol. 3, no.1, pp. 5-35.

7) Gilbert, R. *Addressing Cutoff in Residential Care of Disturbed*

Adolescents. Family Systems, Fall, 2002.

5장

1) Bowen, M. *Family Therapy in Clinical Practice.* Aronson, New York, 1989, p. 379.

2) Harris, J. *The Nurture Assumption.* Free Press 1998. 저자는 이 책에서 자녀들이 어떻게 될지에 대해서와 부모는 거의 또는 전혀 상관이 없는 사례를 보여 준다. 그녀의 의견으로는 또래 압력이 훨씬 더 중요하다.

3) 이 연구는 National Institutes of Health에서 지원을 받아 90,000명의 젊은이들과 20,000가족을 대상으로 진행되었다. 연구의 첫 번째 결과는 1997년에 출판되었고, 아직까지 진행 중이다. NIH의 웹사이트에서 Add Health를 보라.

4) Goodall, J. *The Chimpanzees of Gombe.* Harvard Cambridge MA, 1986, pp. 103, 204. 캐트린 커는 굿올 연구 데이터에 대한 사용권을 허락받았으며, 현재 그러한 연구들을 보웬 이론의 관점에 입각하여 분석 및 해석하고 있다. www.thejanedoodall.org 을 보라.

5) Bowen. op. cit, p.477.

6장

1) Bowen, M. *Family Therapy in Clinical Practice.* Aronson, New York, 1978, 1983, 1985, pp. 384-385.

2) 앤 맥크나이트(Anne McKnight) 박사는 수년에 걸쳐 가족연구에서 주제들을 파악하는 것의 중요성을 강조해 왔다.

3) Harrison, V. *Ch 10 Reproduction and Emotional Cutoff.* in Emotional Cutoff, ed. Titelman, Haworth. Press Binghamton NY pp. 245-272.

4) Bowen, M. op. cit, pp. 324-325.

7장

1) Toman, W. *Family Constellation* third ed. Springer Publishing Co. New York, 1961, 1969, 1976, p. 5.

2) 1981년과 1987년 사이에 몇 차례의 특별 대학원 프로그램에서 있었던 보웬의 커뮤니케이션은 이러한 데이터들이 보웬 이론의 공식적인 개념의 하나로 정착되도록 하는 역사적 과정을 명확하게 만들었다. 보웬과 투멘은 그 이후 동료학자와 친구로서 수년 동안 접촉을 유지하였다.

3) 보웬 이론에 대한 투멘의 공헌은 *Family Constellation.* Springer, New York, 1961, 1991. 에서 투멘이 읽고, 편집하고 인가한 *Extraordinary Relationships.* 로부터 발췌되었다.

8장

1) Bowen, M. *Family Therapy in Clinical Practice.* Aronson, New York, 1987, p. 386.

2) Gilbert. *Connecting With Our Children.* John Wiley and Sons, New York, 1999, p. 15.

3) 앞의 책, 12.

4) Connecting With Our Children, op. cit., pp. 11-14.

163

5) 앞의 책.

6) 1999년 오스트리아 펠트키르히에서 있었던 Mut zur Ethik(Courage to Take a Moral Stand)의 주제로 열린 회의의 사전회의모임에서 진술되었다.

7) Goodall's work described in deWaal, F. *Peacemaking Among Primates*. Harvard Press, Cambridge and London, 1989, p.71.

8) DeWaal, F. *Peacemaking Among Primates*. Harvard Press, Cambridge and London, 1989, pp. 69, ff.

9) 로버타(Roberta) 박사가 한 강연에 기록되어 있는데, 그는 1981년부터 지금까지 칼훈의 생쥐 '세상'을 몇 차례 관찰했다.

10) 사회는 프로이트 이론과 치료 전문가들에 의해 상당한 영향을 받았다. 하지만 최근 학계는 정신분석 이론이 입증되지 않고 남용되며 거짓된 주장에 기초하고 있음을 보여 주고 있다. 이 분야의 많은 저자들 가운데 몇몇 가장 뛰어난 저자들의 요약을 보기 위해 Crews, F. *The Unauthorized Freud*. Viking Press, 1998.을 참고하라.

11) Bennett. *William The Broken Hearth Doubleday*. New York, 2002, p. 158.

12) Reisman, Judith, & Kinsey. *Sex and Fraud*. The Indoctrination of a People Lochinvar-Huntington House 1990, pp.117, 124.

13) Bowen, M. pp. 269, 260.

14) 앞의 책, 273, 386

15) Langford, T. *Practical Divinity*. Nashville, Abingdon, pp. 18, 19; Lane, T., *The Lion Book of Christian Thought*. Oxford, London, Lion Publishing Company, 1984, p. 168; Holifield, E. B. *Health*

보웬 이론의 여덟 가지 개념

and Medicine in the Methodist Tradition. New York, Crossroad, 1986, pp. 3-4; Walker, W. *A History of the christian church.* New York, Scribner, 1970, 1970, pp. 454-470; Williams, J. *The Social and historical Impact of Christianity.* www.probe.org/docs/soc-impact. html(이 사이트는 잉글랜드와 미국의 대각성 운동에 따른 많은 사회적 개혁의 구체적인 내용과 유용한 참고자료를 담고 있다.)

16) McCullough, D. *John Adams.* Simon and Schuster, New York, 2001, Chapters 11 & 12, pp. 568, 615.

17) 1990년경 Georgetown Family Center에서 열린 Special Post Graduate Training Course 강연에서 로버트 홀트(Roberta Holt) 박사가 보고한 것이다.

꼬리말

1) Gilbert, R. New York, Wiley and Sons.

2) 최근에는 이러한 모임들이 '시대의 지혜(The Wisdom of the Ages)' 라고 불리게 되었고, 몇몇의 최상의 체계 연구자들에 의해 폭넓은 연구 결과들을 포함시키게 되었다.

3) Koenig, McCullough & Larson. *Handbook of Religion and Health.* Oxford University Press Oxford, New York, 2001.

4) Bowen, J. *(a daughter of Dr. Murray Bowen) in a lecture at the Bowen Center for the Study of the Family.* Washington D.C., 2003.

저자 소개

　　로버타 길버트(Roberta M. Gilbert) 박사는 버지니아주 폴즈처치시 (Falls Church)의 정신과 의사이다. 수년 전 그녀는 그녀와 그녀에게 컨설팅을 받던 사람들로 하여금 인간 현상에 대한 더 나은 파악을 가능케 하고, 관계와 모든 삶의 질을 증진시키는 데 필요한 것을 파악하도록 하는 보웬 체계 이론이 담긴 안내 책자 하나를 발견하였다. 그녀의 멘토는 머리 보웬(Murray Bowen) 박사였는데, 그는 처음으로 그러한 아이디어들을 보았고 그것들에 대해 연구하고 전문가들과 세상에 알리기 위해 생애를 헌신하였다. 최근 길버트 박사의 작업은 개인들과 가족들을 돕는 임상적 세팅으로부터 심리치료사들, 조직의 지도자들, 특별히 성직자들을 교육하는 것으로까지 확장되었다. 그녀가 제공했던 여러 세미나의 참석자들로부터의 흥미로운 피드백이 이 책『보웬 이론의 여덟 가지 개념: 개인과 집단에 대한 새로운 사고방식』을 저술하도록 영감을 주었다. 길버트 박사의 이론적 아이디어들과 그것들이 서로 어떻게 잘 부합하는지에 대한 철저한 이해는 보웬 이론을 쉽게 접근할 수 있게, 기억할 수 있게, 그리고 적용할 수 있게 해 준다.

김 경(Kim, Gyeong) 교수는 현재 나이아가라 폭포가 있는 캐나다 온타리오주의 윌프리드 로리에 대학교(Wilfrid Laurier University) 내의 마르틴 루터 유니버시티 컬리지(Martin Luther University College) 신학대학원에서 영적 돌봄과 심리치료(Spiritual Care & Psychotherapy) 분야의 조교수로 재직 중이다. 2010년 3월 이후 만 8년 동안 서울여자대학교 기독교학과 전임교수로 재직하였으며 가족상담대학원 및 학부에서 심리치료, 가족치료, 그리고 목회상담 분야의 과목들을 가르치고 상담임상지도를 역임했다.

한남대학교 영어영문학과를 졸업한 후 도미하여 루이빌 장로교 신학교(Louisville Presbyterian Theological Seminary), 에모리 대학교 신학대학원을 거쳐 콜럼비아 신학대학원에서 목회상담학 박사(Th.D)학위를 취득하였다. 애틀랜타의 Care and Counseling Center of Georgia에서 만 5년의 상담임상훈련을 받은 후 조지아주의 상담전문자격증(LPC)을 취득하여 상담전문가로 활동하였으며, 미국장로교회(PCUSA) 교단에서 안수받은 후 플로리다주의 폿오렌지 장로교회(Port Orange Presbyterian Church)에서 4년 6개월 간 목회하였다. 2015년 이후 한국목회상담협회의 감독으로 활동해 오고 있다.

보웬 이론의 8가지 개념
: 개인과 집단에 대한 새로운 사고방식

The Eight Concepts of Bowen Theory
-A New Way of Thinking About The Individual And The Group

2018년 9월 20일 1판 1쇄 발행
2023년 6월 20일 1판 3쇄 발행

지은이 • Roberta M. Gilbert
옮긴이 • 김 경
펴낸이 • 김 진 환
펴낸곳 • (주)**학지사**

　　　　　04031 서울특별시 마포구 양화로 15길 20 마인드월드빌딩 5층
대표전화 • 02) 330-5114　　팩스 • 02) 324-2345

등록번호 • 제313-2006-000265호

홈페이지 • http://www.hakjisa.co.kr
페이스북 • https://www.facebook.com/hakjisabook

ISBN 978-89-997-1656-0 03180

정가 **13,000**원

역자와의 협약으로 인지는 생략합니다.
파본은 구입처에서 교환하여 드립니다.

출판미디어기업 학지사

간호보건의학출판 **학지사메디컬** www.hakjisamd.co.kr
심리검사연구소 **인싸이트** www.inpsyt.co.kr
학술논문서비스 **뉴논문** www.newnonmun.com
원격교육연수원 **카운피아** www.counpia.com